REGNARD

LE RETOUR
IMPRÉVU
COMÉDIE EN UN ACTE
REPRÉSENTÉE POUR LA PREMIÈRE FOIS A PARIS EN
1700

LE BAL OU LE BOURGEOIS DE FALAISE
COMÉDIE EN UN ACTE (1700)

LA SÉRÉNADE
COMEDIE EN UN ACTE (1694)

NOUVELLE ÉDITION
PUBLIÉE

fondateur Collection   100 Bons Livres 10 c

PARIS
PARTEMENTS, ÉTRANGER,
CHEZ TOUS LES LIBRAIRES

1878

20 c. — THÉATRE — 20

CHEZ TOUS LES LIBRAIRES

REGNARD

—◦—

LE RETOUR
IMPRÉVU
COMÉDIE EN UN ACTE
REPRÉSENTÉE POUR LA PREMIÈRE FOIS A PARIS EN
1700

LE BAL OU LE BOURGEOIS DE FALAISE
COMÉDIE EN UN ACTE (1700)

LA SÉRÉNADE
COMÉDIE EN UN ACTE (1694)

—◦—

NOUVELLE ÉDITION

PUBLIÉE

fondateur Collection   100 Bons Livres 10c

PARIS
DÉPARTEMENTS, ÉTRANGER,
CHEZ TOUS LES LIBRAIRES
—
1878

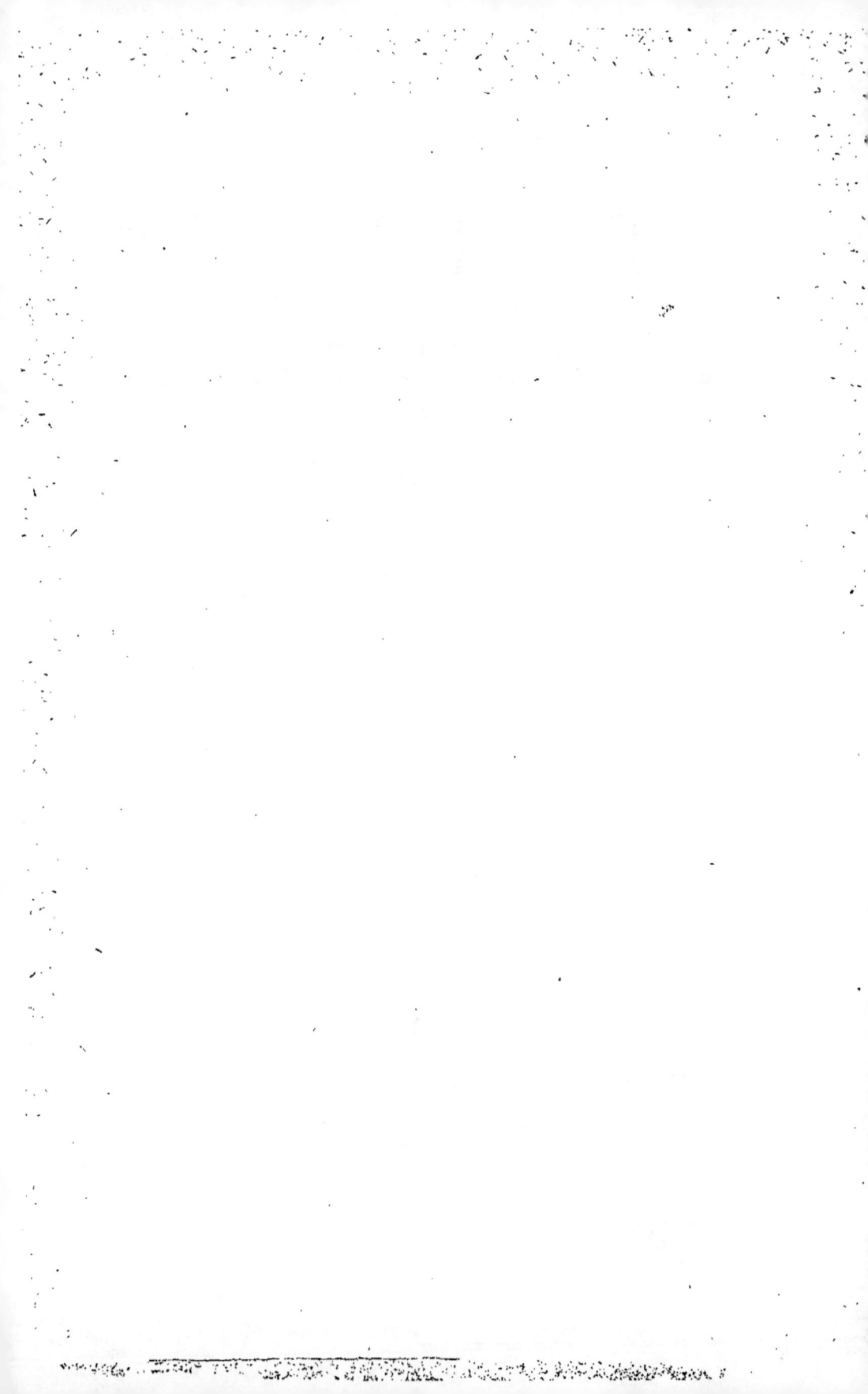

LE RETOUR IMPRÉVU

PERSONNAGES

GÉRONTE, père de Clitandre.
CLITANDRE, amant de Lucile.
MADAME BERTRAND, tante de Lucile.
LUCILE.
CIDALISE.

LE MARQUIS.
LISETTE.
M. ANDRÉ, usurier.
MERLIN, valet de Clitandre.
JACQUINET, valet de Géronte.

(La scène est à Paris.)

SCÈNE I

MADAME BERTRAND, LISETTE.

MADAME BERTRAND. — Ah! vous voilà! Je suis fort aise de vous rencontrer. Parlons ensemble un peu sérieusement, je vous prie, mademoiselle Lisette.

LISETTE. — Aussi sérieusement qu'il vous plaira, madame Bertrand.

MADAME BERTRAND. — Savez-vous bien que je suis fort mécontente de la conduite et des manières de ma nièce?

LISETTE. — Comment donc, madame! Que fait-elle de mal, s'il vous plaît?

MADAME BERTRAND. — Elle ne fait rien que de mal; et le pis que j'y trouve, c'est qu'elle garde auprès d'elle une coquine comme vous, qui ne lui donnez que de mauvais conseils, et qui la poussez dans un précipice où son penchant ne l'entraîne déjà que trop.

LISETTE. — Voilà un discours très-sérieux au moins, madame; et si je répondais aussi sérieusement, la fin de la conversation pourrait bien faire rire; mais le respect que j'ai pour votre âge, et pour la tante de ma maîtresse, m'empêchera de vous répondre avec aigreur.

MADAME BERTRAND. — Vous avez bien de la modération!

LISETTE. — Il serait à souhaiter, madame, que vous en eussiez autant : vous ne seriez pas la première à scandaliser votre nièce, et à la décrier, comme vous faites, dans le monde, par des discours qui n'ont point d'autre fondement que le déréglement de votre imagination.

MADAME BERTRAND. — Comment, impudente ! le déréglement de mon imagination ! C'est le déréglement de vos actions qui me fait parler ; et il n'y a rien de plus horrible que la vie que vous faites.

LISETTE. — Comment donc, madame ! quelle vie faisons-nous, s'il vous plaît ?

MADAME BERTAND. — Quelle ? Y a-t-il rien de plus scandaleux que la dépense que Lucile fait tous les jours ? une fille qui n'a pas un sou de revenu !

LISETTE. — Nous avons du crédit, madame.

MADAME BERTRAND. — C'est bien à elle d'avoir seule une grosse maison, des habits magnifiques !

LISETTE. — Est-il défendu de faire fortune ?

MADAME BERTRAND. — Et comment la fait-elle, cette fortune ?

LISETTE. — Fort innocemment : elle boit, mange, chante, rit, joue, se promène; les biens nous viennent en dormant, je vous en assure.

MADAME BERTRAND. — Et la réputation se perd de même. Elle verra ce qui lui arrivera; elle n'aura pas un sou de mon bien. Premièrement, ma fille unique ne veut plus être religieuse : je m'en vais la marier ; mon frère le chanoine, qui lui en veut depuis longtemps, la déshéritera, car il est vindicatif. Patience, patience; elle ne sera pas toujours jeune.

LISETTE. — Eh! vraiment, c'est pour cela que nous songeons à profiter de la belle saison.

MADAME BERTRAND. — Oui! fort bien! et tout le profit

qui vous en demeurera, c'est que vous mourrez toutes deux à l'hôpital, et déshonorées encore.

LISETTE. — Oh! pour cela, non, madame; un bon mariage va nous mettre à couvert de la prédiction.

MADAME BERTRAND. — Un bon mariage! Elle va se marier?

LISETTE. — Oui, madame.

MADAME BERTRAND. — A la bonne heure, je ne m'en mêle point; je la renonce pour ma nièce, et je ne prétends pas aider à tromper personne. Adieu!

LISETTE. — Nous ferons bien nos affaires sans vous; ne vous mettez pas en peine.

MADAME BERTRAND. — Je crois que ce sera quelque belle alliance!

LISETTE. — Ce sera un mariage dans toutes les formes; et quand il sera fait, vous serez trop heureuse de nous faire la cour, et d'être la tante de votre nièce.

SCÈNE II

MERLIN, LISETTE.

MERLIN. — Bonjour, ma chère enfant. Qui est cette vieille madame avec qui tu étais en conversation?

LISETTE. — Quoi! tu ne connais pas madame Bertrand, la tante de ma maîtresse?

MERLIN. — Si fait vraiment, je ne connais autre; je ne l'avais pas bien envisagée.

LISETTE. — C'est une femme fort à son aise, qui a de bonnes rentes sur la ville, des maisons à Paris. Lucile est fort bien apparentée, au moins.

MERLIN. — Oui, mais elle n'en est pas plus riche.

LISETTE. — Il ne faut désespérer de rien; cela peut venir. S'il lui mourait trois oncles, deux tantes, trois couples de cousins germains, deux paires de neveux et autant de nièces, elle se trouverait une fort grosse héritière.

MERLIN. — Comment diable! Mais sais-tu bien qu'en temps de peste cette fille-là pourrait devenir un très-gros parti?

LISETTE. — Le parti n'est pas mauvais dès à présent ; et la beauté...

MERLIN. — Tu as raison, sa beauté tient lieu de tout ; et mon maître est absolument déterminé à l'épouser.

LISETTE. — Et elle, absolument déterminée à épouser ton maître.

MERLIN. — Il y aura peut-être quelque tribulation à essuyer au retour de notre bonhomme de père : mais il ne reviendra pas si tôt ; nous aurons le temps de nous préparer ; et mon maître ne sera pas malheureux, s'il n'a que ce chagrin-là de son mariage.

LISETTE. — Comment donc ? que veux-tu dire ?

MERLIN. — Le mariage est sujet à de grandes révolutions.

LISETTE. — Ah ! ah ! tu es encore un plaisant visage, de croire que Clitandre puisse jamais se repentir d'avoir épousé Lucile, une fille que j'ai élevée !

MERLIN. — Tant pis.

LISETTE. — Une fille belle, jeune, et bien faite !

MERLIN. — Il n'y a pas là de quoi se rassurer.

LISETTE. — Une fille aisée à vivre !

MERLIN. — La plupart des filles ne le sont que trop.

LISETTE. — Une fille sage et vertueuse !

MERLIN. — Et c'est toi qui l'as élevée ?

LISETTE. — Parle donc, maraud ; que veux-tu dire ?

MERLIN. — Tiens, veux-tu que je te parle franchement ? cette alliance ne me plaît point du tout, et je ne prévois pas que nous y trouvions notre compte ni l'un ni l'autre. Clitandre fait de la dépense, parce qu'il est amoureux : l'amour rend libéral ; le mariage corrige l'amour. Si mon maître devenait avare, où en serions-nous ?

LISETTE. — Il est d'un naturel trop prodigue pour devenir jamais trop économe. A-t-il donné de bons ordres pour le régal d'aujourd'hui ?

MERLIN. — Je t'en réponds. Trois garçons de la Guerbois viennent d'arriver avec tout leur attirail de cuisine ; Camel, le fameux Camel, marchait à leur tête. L'illustre Forel a envoyé six douzaines de bouteilles de vin de Champagne comme il n'y en a point : il l'a fait lui-même.

LISETTE. — Tant mieux ; j'aime la bonne chère.

SCÈNE III

CLITANDRE, MERLIN, LISETTE.

LISETTE, à Merlin. — Mais voici ton maître.

CLITANDRE. — Eh ! bonjour, ma chère Lisette. Comment te portes-tu, mon enfant ? Que fait ta belle maîtresse ?

LISETTE. — Elle est chez elle avec Cidalise.

CLITANDRE. — Va, cours, ma chère Lisette, la prier de se rendre au plus tôt ici ; je n'ai d'heureux moments que ceux que je passe avec elle.

LISETTE. — Que vous êtes bien faits l'un pour l'autre ! Elle s'ennuie à la mort quand elle ne vous voit point : elle ne tardera pas, je vous en réponds.

SCÈNE IV

CLITANDRE, MERLIN.

MERLIN. — Eh bien ! monsieur, vous allez donc épouser ? Vous voici, grâce au ciel, bientôt à la conclusion de votre amour, et à la fin de votre argent. C'est vraiment bien fait de terminer ainsi toutes ses affaires. Mais, s'il vous plaît, qu'allons-nous faire en attendant le retour de monsieur votre père, qui est en Espagne depuis un an pour les affaires de son commerce ? et que ferons-nous quand il sera revenu ?

CLITANDRE. — Que tu es impertinent avec tes réflexions ! Eh ! mon ami, jouissons du présent ; n'ayons point de regret au passé, et ne lisons point des choses fâcheuses dans l'avenir. N'as-tu pas reçu de l'argent pour moi ces jours passés ?

MERLIN. — Il n'y a que trois semaines que j'ai touché une demi-année d'avance de ce fermier à qui vous avez donné quittance de l'année dernière.

CLITANDRE. — Bon.

MERLIN. — J'ai reçu, l'autre semaine, dix-huit cents livres de ce curieux, pour ces deux grands tableaux dont votre père avait refusé deux mille écus quelque temps avant que de partir.

CLITANDRE. — Bon.

MERLIN. — Bon? J'ai encore eu deux cents louis d'or de ce fripier pour cette tapisserie que monsieur votre père avait achetée, il y a deux ans, cinq mille francs, à un inventaire.

CLITANDRE. — Bon.

MERLIN. — Oui, oui, nous avons fait de bons marchés pendant son absence, n'est-ce pas?

CLITANDRE. — Voilà un petit rafraîchissement qui nous mènera quelque temps, et nous travaillerons ensuite sur nouveaux frais.

MERLIN. — Travaillez-y donc vous-même; car pour moi je fais conscience d'être l'instrument et la cheville ouvrière de votre ruine : c'est par mes soins que vous avez trouvé le moyen de dissiper plus de dix mille écus, sans compter douze ou quinze mille francs que vous devez encore à plusieurs quidams, usuriers, ou notaires (c'est presque la même chose), qui nous vont tomber sur le corps au premier jour.

CLITANDRE. — Celui qui m'embarrasse le plus, c'est ce persécutant monsieur André; et si, je ne lui dois que trois mille cinq cents livres.

MERLIN. — Il ne nous a prêté que cela; mais vous avez fait le billet de deux mille écus. Il a, depuis quatre jours, obtenu contre vous une sentence des consuls ; et il ne serait pas plaisant que, le jour de la noce, il vous fît coucher au Châtelet.

CLITANDRE. — Nous trouverons des expédients pour parer de cet inconvénient.

MERLIN. — Eh! quel expédient trouver? Nous avons fait argent de tout : les revenus sont touchés d'a-

vance; la maison de la ville est démeublée à faire
pitié ; nous avons abattu les bois de la maison de cam-
pagne, sous prétexte d'avoir de la vue. Pour moi, je
vous avoue que je suis à bout.

CLITANDRE. — Si mon père peut être encore cinq ou
six mois sans venir, j'aurai tout le temps de réparer,
par mon économie, les premiers désordres de ma jeunesse.

MERLIN. — Assurément. Et monsieur votre père, de
son côté, ne travaille-t-il pas à reboucher tous ces
trous-là ?

CLITANDRE. — Sans doute.

MERLIN. — Il vaut mieux que vous fassiez toutes ces
sottises-là de son vivant qu'après sa mort : il ne
serait plus en état d'y remédier.

CLITANDRE. — Tu as raison, Merlin.

MERLIN. — Allez, monsieur, vous n'avez pas tant de
tort qu'on dirait bien. Monsieur votre père fera un
gros profit pendant son voyage ; vous aurez fait une
grosse dépense pendant son absence : quand il reviendra, de quoi aura-t-il à se plaindre ? Ce sera
comme s'il n'avait bougé de chez lui ; et, au pis aller,
ce sera lui qui aura eu tort de voyager.

CLITANDRE. — Que tu parles aujourd'hui de bon sens,
mon pauvre Merlin !

MERLIN. — Entre nous, ce n'est pas un grand génie
que monsieur votre père : je l'ai mené autrefois par
le nez, comme vous savez ; je lui fais accroire ce que
je veux ; et quand il reviendrait présentement, je me
sens encore assez de vigueur pour vous tirer des
affaires les plus épineuses. Allons, monsieur, grande
chère et bon feu ; le courage me revient. Combien
serez-vous à table aujourd'hui?

CLITANDRE. — Cinq ou six.

MERLIN. — Et votre bon ami le marquis, soi-disant
tel, qui vous aide à manger si généreusement votre
bien, et qui n'est qu'un fat au bout du compte, y
sera-t-il?

CLITANDRE. — Il me l'a promis.

SCÈNE V

LUCILE, CIDALISE, CLITANDRE, MERLIN,
LISETTE.

CLITANDRE, à Merlin. — Mais voici la charmante Lucile
et sa cousine.

LUCILE. — Les démarches que vous me faites faire,
Clitandre, ne peuvent être justifiées que par le succès
qu'elles vont avoir; et je serais entièrement perdue
dans le monde, si le mariage ne mettait fin à toutes
les parties de plaisir où je me laisse engager tous les
jours.

CLITANDRE. — Je n'ai jamais eu d'autres sentiments,
belle Lucile; et voilà votre amie qui peut vous en
rendre témoignage.

CIDALISE à Clitandre. — Je suis caution de la bonté de
votre cœur, et vous touchez au moment de la justifier
par vous-même. Mais moi qui n'entre pour rien dans
l'aventure, et qui n'ai point en vue de conclusion,
quel personnage est-ce que je fais dans tout ceci? et
que dira-t-on, je vous prie?

MERLIN, à Cidalise. — On dira qu'on se fait pendre par
compagnie; et par compagnie, il ne tiendra qu'à vous
de vous faire épouser : mon maître a tant d'amis!
vous n'avez qu'à dire.

LISETTE, à Cidalise. — Prenez-en quelqu'un, madame :
plus on est de fous, plus on rit. Allons, déterminez-
vous.

MERLIN. — Je me donne au diable, pendant que
nous sommes en train, il me prend envie d'épouser
Lisette aussi par compagnie, moi; c'est une chose
bien contagieuse que l'exemple.

CLITANDRE, à Cidalise. — Je voudrais que le nôtre la
pût engager à nous imiter; et j'ai un jeune homme de
mes amis qui s'est brouillé depuis quelques jours avec
sa famille.

MERLIN, à Cidalise. — Voilà le vra moyen de le raccommoder. Le cœur vous en dit-il?

CIDALISE. — Non; ces sortes d'alliances-là ne me plaisent point. Je ne dépends de personne; je veux prendre un mari aussi indépendant que moi.

MERLIN. — C'est bien fait; il n'est rien tel que d'avoir tous deux la bride sur le cou. Mais voici votre marquis qui vient au rendez-vous. Je vais voir si tout se prépare pour votre souper.

SCÈNE VI

LE MARQUIS, CLITANDRE, LUCILE, CIDALISE, LISETTE.

LE MARQUIS. — Serviteur, mon ami. Ah! mesdames, je suis ravi de vous voir. Vous m'attendez, c'est bien fait : je suis l'âme de vos parties, j'en conviens; le premier mobile de vos plaisirs, je le sais. Où en sommes-nous? Le souper est-il prêt? Epouserons-nous? Aurons-nous du vin abondamment? Allons, de la gaieté; je ne me suis jamais senti de si belle humeur, et je vous défie de m'ennuyer.

CIDALISE. — En vérité, monsieur le marquis, vous vous êtes bien fait attendre.

LISETTE. — Cela serait beau, qu'un marquis fût le premier au rendez-vous! On croirait qu'il n'aurait rien à faire.

LE MARQUIS. — Je vous assure, mesdames, qu'à moins de voler, on ne peut pas faire plus de diligence : il n'y a pas, en vérité, trois quarts d'heure que je suis parti de Versailles. Vous connaissez ce cheval barbe et cette jument arabe que je mets ordinairement à ma chaise; il n'y a pas deux meilleurs animaux pour un rendez-vous de vitesse.

CLITANDRE, au marquis. — Quelle affaire si pressée?...

LE MARQUIS. — Et un postillon... un postillon, qui n'est pas plus gros que le poing, et qui va comme le

vent. Si nous n'avions pas, nous autres, de ces voi-
tures volantes-là, nous manquerions la moitié de nos
occasions.

LUCILE. — Et depuis quand, monsieur le marquis,
vous mêlez-vous d'aller à Versailles? Il me semble que
vous faites ordinairement votre cour à Paris.

LE MARQUIS, à Clitandre. — Eh bien ! qu'est-ce, mon
cher ? Te voilà au comble des plaisirs; tu vas nager
dans les délices : tu sais l'intérêt que je prends à tout
ce qui te touche. Quelle félicité, lorsque deux cœurs
bien épris approchent du moment attendu... là, qu'on
se voit à la queue du roman.

(Il chante.)
Sangaride, ce jour est un grand jour pour vous.

CLITANDRE. — Je ressens mon bonheur dans toute
son étendue. Mais, dis-moi, je te prie, as-tu passé,
comme tu m'avais promis, chez ce joaillier, pour ces
diamants ?

LE MARQUIS, à Cidalise. — Et vous, la belle cousine,
qu'est-ce? le cœur ne vous en dit-il point? Il faut que
l'exemple vous encourage. Ne voulez-vous point, en
vous mariant, payer vos dettes à l'amour et à la nature?
Fi ! que cela est vilain d'être une grande inutile dans
le monde !

CIDALISE. — L'état de fille ne m'a point encore en-
nuyée.

LE MARQUIS. — Ce sera quand il vous plaira, au moins,
que nous ferons quelque marché de cœur ensemble :
je suis fait pour les dames; et les dames, sans vanité,
sont aussi faites pour moi. Je veux être déshonoré, si
je ne vous trouve fort à mon gré; je me sens même
de la disposition à vous aimer un jour à l'adoration,
à la fureur; mais point de mariage au moins, point de
mariage : j'aime les amours sans conséquence : vous
m'entendez bien?

LISETTE. — Vraiment, ce discours-là est assez clair;
il n'a pas besoin de commentaire. Quoi ! monsieur le
marquis...

LE MARQUIS, à Clitandre. — Il n'est pas connaissable depuis qu'il me hante, ce petit homme. Il est vrai que je n'ai pas mon pareil pour débourgeoiser un enfant de famille, le mettre dans le monde, le pousser dans le jeu, lui donner le bon goût pour les habits, les meubles, les équipages. Je le mène un peu raide ; mais ces petits messieurs-là ne sont-ils pas trop heureux qu'on leur inspire les manières de cour, et qu'on leur apprenne à se ruiner en deux ou trois ans ?

LUCILE, au marquis. — Avez-vous bien des écoliers ?

LE MARQUIS. — A propos, où est Merlin ? je ne le vois point ici : c'est un joli garçon ; je l'aime ; je le trouve admirable pour faire une ressource, pour écarter les créanciers, amadouer des usuriers, persuader des marchands, démeubler une maison en un tour de main. (A Clitandre.) Que ton père a eu de prévoyance, d'esprit, de jugement, de te laisser un gouverneur aussi sage, un économe aussi entendu ! Ce coquin-là vaut vingt mille livres de rente, comme un sou, à un enfant de famille.

SCÈNE VII

MERLIN, LUCILE, CIDALISE, LE MARQUIS, CLITANDRE, LISETTE.

MERLIN. — Messieurs et mesdames, quand vous voudrez entrer, le souper est tout prêt.

LE MARQUIS. — Oui, c'est bien dit ; ne perdons point de temps. Je vous disais bien que Merlin était un joli garçon. Je me sens en disposition louable de bien boire du vin ; vous allez voir si j'en tiens raisonnablement. Allons, mesdames, qui m'aime me suive.

CLITANDRE. — Les moments sont trop chers aux amants ; n'en perdons aucun.

SCÈNE VIII

MERLIN, seul.

Voilà, Dieu merci, les affaires en bon train : nos amants sont en joie ; fasse le ciel que cela dure longtemps !

SCÈNE IX

JACQUINET, MERLIN.

MERLIN. — Mais que vois-je ? Voilà, je crois, Jacquinet, le valet de notre bonhomme.

JACQUINET. — A la fin, me voilà. Eh ! bonjour, Merlin ; soyez le bien retrouvé. Comment te portes-tu ?

MERLIN, à part. — Et vous le mal revenu. (Haut.) Monsieur Jacquinet, comment t'en va ?

JACQUINET. — Tu vois, mon enfant, le mieux du monde. A la fatigue près, nous avons fait un bon voyage.

MERLIN. — Comment, vous avez fait un bon voyage ! Tu n'es donc pas venu tout seul !

JACQUINET. — La belle question ! Vraiment non ; je suis arrivé avec mon maître ; et pendant qu'il est allé avec le carrosse de voiture faire visiter à la douane quelques ballots de marchandises, il m'a fait prendre les devants pour venir dire à monsieur son fils qu'il est de retour en parfaite santé.

MERLIN. — Voilà une nouvelle qui le réjouira fort. (A part.) Qu'allons-nous faire ?

JAQUINET. — Qu'as-tu ? Il semble que tu ne me fais guère bonne mine ! et tu ne me parais pas trop content de notre arrivée.

MERLIN, à part. — Je ne suis pas celui qu'elle chagrinera le plus. Tout est perdu. (Haut.) Et dis-moi, le bonhomme a-t-il affaire pour longtemps à cette douane ?

JACQUINET. — Non ; il sera ici dans un moment.

MERLIN, à part. — Dans un moment ! Où me fourrerai-je ?

JACQUINET. — Mais que diable as-tu donc ? Parle.

MERLIN. — Je ne saurais. (A part.) Ah ! le maudit vieillard ! Revenir si mal à propos, et ne pas avertir qu'il revient, encore ! Cela est bien traître !

JACQUINET. — Te voilà bien intrigué ! Ce retour imprévu ne dérangerait-il point un peu vos petites affaires ?

MERLIN. — Oh ! non ; elles sont toutes dérangées, de par tous les diables.

JACQUINET. — Tant pis.

MERLIN. — Jacquinet, mon pauvre Jacquinet, aide-moi un peu à sortir d'intrigue, je te prie.

JACQUINET. — Moi ? que veux-tu que je fasse ?

MERLIN. — Va te reposer ; entre au logis, tu trouveras bonne compagnie : ne t'effarouche point, on te fera boire de bon vin de Champagne.

JACQUINET. — Cela n'est pas bien difficile.

MERLIN. — Dis à mon maître que son père est de retour, mais qu'il ne s'embarrasse point : je vais l'attendre ici, et tâcher de faire en sorte que nous puissions... (A part.) Je me donne au diable, si je sais comment m'y prendre. (Haut.) Dis-lui qu'il se tienne en repos ; et toi, commence par t'enivrer, et tu t'iras coucher. Bonsoir.

JACQUINET. — J'exécuterai tes ordres à merveille, ne te mets pas en peine.

SCÈNE X

MERLIN, seul.

Allons, Merlin, de la vivacité, mon enfant, de la présence d'esprit. Ceci est violent : un père qui revient en impromptu d'un long voyage ; un fils dans la débauche, sa maison en désordre, pleine de cuisiniers ; les apprêts d'une noce prochaine ! Il faut se tirer d'embarras pourtant.

SCÈNE XI

GÉRONTE, MERLIN.

MERLIN. — Ah ! le voici. Tenons-nous un peu à l'écart, et songeons d'abord aux moyens de l'empêcher d'entrer chez lui.

GÉRONTE, à lui-même. — Enfin, après bien des travaux et des dangers, voilà, grâce au ciel, mon voyage heureusement terminé; je retrouve ma chère maison, et je crois que mon fils sera bien sensible au plaisir de me revoir en bonne santé.

MERLIN. — Nous le serions bien davantage à celui de te savoir encore bien loin d'ici.

GÉRONTE. — Les enfants ont bien de l'obligation aux pères qui se donnent tant de peine pour leur laisser du bien.

MERLIN, à part. — Oui; mais ils n'en ont guère à ceux qui reviennent si mal à propos.

GÉRONTE. — Je ne veux pas différer davantage à rentrer chez moi, et à donner à mon fils le plaisir que lui doit causer mon retour : je crois que le pauvre garçon mourra de joie en me voyant.

MERLIN, à part. — Je le tiens déjà plus que demi-mort. Mais il faut l'aborder. (Haut.) Que vois-je? juste ciel! suis-je bien éveillé? Est-ce un spectre?

GÉRONTE. — Je crois, si je ne me trompe, que voilà Merlin.

MERLIN. — Mais vraiment! c'est monsieur Géronte lui-même, ou c'est le diable sous sa figure. Sérieusement parlant, serait-ce vous, mon cher maître ?

GÉRONTE. — Oui, c'est moi, Merlin. Comment te portes-tu?

MERLIN. — Vous voyez, monsieur, fort à votre service, comme un serviteur fidèle, gai, gaillard, et toujours prêt à vous obéir.

GÉRONTE. — Voilà qui est bien. Entrons au logis.

(Il va pour entrer chez lui.)

MERLIN, l'arrêtant. — Nous ne vous attendions point, je vous assure, et vous êtes tombé des nues pour nous, en vérité.

GÉRONTE. — Non; je suis venu par le carrosse de Bordeaux, où mon vaisseau est heureusement abordé depuis quelques jours... Mais nous serons aussi bien...

(Il va pour entrer chez lui.)

MERLIN, l'arrêtant. — Que vous vous portez bien ! Quel visage ! quel embonpoint ! Il faut que l'air du pays d'où vous venez soit merveilleux pour les gens de votre âge. Vous y deviez bien demeurer, monsieur, pour votre santé, (A part.) et pour notre repos.

GÉRONTE. — Comment se porte mon fils ? A-t-il eu grand soin de mes affaires, et mes deniers ont-ils bien profité entre ses mains ?

MERLIN. — Oh ! pour cela, je vous en réponds ; il s'en est servi d'une manière... Vous ne sauriez comprendre comme ce jeune homme-là aime l'argent : il a mis vos affaires dans un état... dont vous serez étonné, sur ma parole.

GÉRONTE. — Que tu me fais ds plaisir, Merlin, de m'apprendre une si bonne nouvelle ! Je trouverai donc une grosse somme d'argent qu'il aura amassée ?

MERLIN. — Point du tout, monsieur.

GÉRONTE. — Comment, point du tout !

MERLIN. — Eh ! non, vous dis-je : ce garçon-là est bien meilleur ménager que vous ne pensez ; il suit vos traces ; il fatigue son argent à outrance ; et sitôt qu'il a dix pistoles, il les fait travailler jour et nuit.

GÉRONTE. — Voilà ce que c'est de donner aux enfants de bonnes leçons et de bons exemples à suivre. Je me meurs d'impatience de l'embrasser : allons, Merlin.

MERLIN. — Il n'est pas au logis, monsieur ; et si vous êtes si pressé de le voir...

SCÈNE XII

MONSIEUR ANDRÉ, GÉRONTE, MERLIN.

MONSIEUR ANDRÉ. — Bonjour, monsieur Merlin.

MERLIN. — Votre valet, monsieur André, votre valet. (A part.) Voilà un coquin d'usurier qui prend bien son temps pour venir demander de l'argent !

MONSIEUR ANDRÉ. — Savez-vous bien, monsieur Merlin, que je suis las de venir tous les jours sans trouver votre maître ; et que, s'il ne me paye aujourd'hui, je le ferai coffrer demain, afin que vous le sachiez ?

MERLIN, bas. — Nous voilà gâtés.

GÉRONTE, à Merlin. — Quelle affaire avez-vous donc ?

LE BAL.

MERLIN, bas à Géronte. — Je vous l'expliquerai tantôt : ne vous mettez pas en peine.

MONSIEUR ANDRÉ, à Géronte. — Une affaire de deux mille écus qui me sont dus par son maître, dont j'ai le billet, et, en vertu d'icelui, une bonne sentence par corps, que je vais faire mettre à exécution.

GÉRONTE. — Qu'est-ce que cela veut dire, Merlin?

MERLIN. — C'est un maraud qui le ferait comme il le dit.

GÉRONTE, à monsieur André. — Clitandre vous doit deux mille écus?

MONSIEUR ANDRÉ, à Géronte. — Oui, justement, Clitandre, un enfant de famille, dont le père est allé je ne sais où, et qui sera bien surpris, à son retour, quand il apprendra la vie que son fils mène pendant son absence.

MERLIN, à part. — Cela va mal.

MONSIEUR ANDRÉ. — Autant que le fils est joueur, dépensier et prodigue, autant le père, à ce qu'on dit, est un vilain, un ladre, un fesse-Mathieu.

GÉRONTE. — Que voulez-vous dire avec votre ladre et votre fesse-Mathieu?

MONSIEUR ANDRÉ. — Ce n'est pas de vous dont je veux parler; c'est du père de Clitandre, qui est un sot, un imbécile.

GÉRONTE. — Merlin...

MERLIN, à Géronte. — Il vous dit vrai, monsieur; Clitandre lui doit deux mille écus.

GÉRONTE. — Et tu dis qu'il a été d'une si bonne conduite !

MERLIN. — Oui monsieur; c'est un effet de sa bonne conduite de devoir cet argent-là.

GÉRONTE. — Comment, emprunter deux mille écus d'un usurier ! car je vois bien, à la mine, que monsieur est du métier.

MONSIEUR ANDRÉ, à Géronte. — Oui, monsieur; et je vous crois aussi de la profession.

MERLIN, à part — Comme les honnêtes gens se connaissent

GÉRONTE, à Merlin. — Tu appelles cela l'effet d'une bonne conduite ?

MERLIN, bas, à Géronte. — Paix, ne dites mot. Quand vous saurez le fond de cette affaire-là, vous serez charmé de M. votre fils ; il a acheté une maison de dix mille écus.

GÉRONTE. — Une maison de dix mille écus !

MERLIN, bas, à Géronte. — Qui en vaut plus de quinze ; et comme il n'avait que vingt-quatre mille francs d'argent comptant, pour ne pas manquer un si bon marché, il a emprunté les deux mille écus en question de l'honnête fripon que vous voyez. Vous n'êtes plus si fâché que vous étiez, je gage ?

GÉRONTE. — Au contraire, je ne me sens pas de joie. (A monsieur André.) Oh çà ! monsieur, ce Clitandre, qui vous doit de l'argent, est mon fils.

MERLIN, à monsieur André. — Et monsieur est son père, entendez-vous ?

MONSIEUR ANDRÉ. — J'en ai bien de la joie.

GÉRONTE, à monsieur André. — Ne vous mettez point en peine de vos deux mille écus ; j'approuve l'emploi que mon fils en a fait. Revenez demain, c'est de l'argent comptant.

MONSIEUR ANDRÉ. — Soit. Je suis votre valet.

SCÈNE XIII

GÉRONTE, MERLIN.

GÉRONTE. — Eh ! dis-moi un peu, dans quel endroit de la ville mon fils a-t-il acheté cette maison ?

MERLIN. — Dans quel endroit ?

GÉRONTE. — Oui. Il y a des quartiers meilleurs les uns que les autres ; celui-ci, par exemple...

MERLIN. — Mais vraiment, c'est aussi dans celui-ci qu'il l'a achetée.

GÉRONTE. — Bon, tant mieux ! Où cela ?

MERLIN. — Tenez, voyez-vous bien cette maison couverte d'ardoise, dont les fenêtres sont reblanchies depuis peu ?

GÉRONTE. — Oui. Eh bien ?

MERLIN. — Ce n'est pas celle-là ; mais un peu plus loin, à gauche, là... cette grande porte cochère qui est vis-à-vis de cette autre qui est vis-à-vis d'elle, là... dans cette autre rue.

GÉRONTE. — Je ne saurais voir cela d'ici.

MERLIN. — Ce n'est pas ma faute.

GÉRONTE. — Ne serait-ce point la maison de madame Bertrand ?

MERLIN. — Justement, de madame Bertrand ; la voilà : c'est une bonne acquisition, n'est-ce pas ?

GÉRONTE. — Oui, vraiment. Mais pourquoi cette femme-là vend-elle ses héritages ?

MERLIN. — On ne prévoit pas tout ce qui arrive. Il lui est survenu un grand malheur : elle est devenue folle.

GÉRONTE. — Elle est devenue folle !

MERLIN. — Oui, monsieur. Sa famille l'a fait interdire ; et son fils, qui est un dissipateur, a donné sa maison pour moitié de ce qu'elle vaut. (A part.) Je m'embourbe ici de plus en plus.

GÉRONTE. — Mais elle n'avait point de fils quand je suis parti.

MERLIN. — Elle n'en avait point ?

GÉRONTE. — Non assurément.

MERLIN. — Il faut donc que ce soit sa fille.

GÉRONTE. — Je suis fâché de son accident. Mais je m'amuse ici trop longtemps ; fais-moi ouvrir la porte.

MERLIN, à part. — Ouf ! nous voilà dans la crise.

GÉRONTE. — Te voilà bien consterné ! serait-il arrivé quelque accident à mon fils ?

MERLIN. — Non, monsieur.

GÉRONTE. — M'aurait-on volé pendant mon absence ?

MERLIN. — Pas tout à fait... (A part.) Que lui dirais-je ?

GÉRONTE. — Explique-toi donc ; parle.

MERLIN. — J'ai peine à retenir mes larmes. N'entrez pas, monsieur. Votre maison, cette chère maison que vous aimez tant... depuis six mois...

GÉRONTE. — Eh bien ! ma maison, depuis six mois...

MERLIN. — Le diable s'en est emparé, monsieur; il nous a fallu déloger à mi-terme.

GÉRONTE. — Le diable s'est emparé de ma maison?

MERLIN. — Oui, monsieur : il y revient des lutins si lutinants... C'est ce qui a obligé votre fils à acheter cette autre maison; nous ne pouvions plus demeurer dans celle-là.

GÉRONTE. — Tu te moques de moi; cela n'est pas croyable.

MERLIN. — Il n'y a sorte de niches qu'ils ne m'aient faites : tantôt ils me chatouillaient la plante des pieds, tantôt ils me faisaient la barbe avec un fer chaud; et toutes les nuits régulièrement, ils me donnaient des camouflets qui puaient le soufre...

GÉRONTE. — Mais, encore une fois, je crois que tu te moques de moi.

MERLIN. — Point du tout, monsieur : qu'est-ce qu'il m'en reviendrait? Nous avons vu là-dessus les meilleures devineresses de Paris, la Duverger même; il n'y a pas moyen de les faire déguerpir : ce diable-là est furieusement tenace; c'est celui qui possède ordinairement les femmes, quand elles ont le diable au corps.

GÉRONTE. — Une frayeur soudaine commence à me saisir. Et dis-moi, je te prie, n'ont-ils point été dans ma cave?

MERLIN. — Hélas! monsieur, ils ont fourragé partout.

GÉRONTE. — Ah! je suis perdu; j'ai caché en terre un sac de cuir où il y a vingt mille francs.

MERLIN. — Vingt mille francs! Quoi! monsieur, il y a vingt mille francs dans votre maison?

GÉRONTE. — Tout autant, mon pauvre Merlin.

MERLIN. — Ah! voilà ce que c'est; les diables cherchent les trésors, comme vous savez. Et en quel endroit?

GÉRONTE. — Dans la cave.

MERLIN. — Dans la cave? Justement, c'est là où ils

font leur sabbat. (A part.) Ah! si nous l'avions su plus
tôt... (Haut.) Et de quel côté, s'il vous plaît?

GÉRONTE. — A gauche en entrant, sous une grande
pierre noire qui est à côté de la porte.

MERLIN. — Sous une grande pierre noire! vingt mille
francs! Vous deviez bien nous en avertir; vous nous
eussiez épargné bien de l'embarras. C'est à gauche en
entrant, dites-vous?

GÉRONTE. — Oui; l'endroit n'est pas difficile à
trouver.

MERLIN, à part. — Je le trouverai bien. (Haut.) Mais
savez-vous bien, monsieur, que vous jouiez là à nous
faire tordre le cou? Et toute la somme est-elle en or?

GÉRONTE. — Toute en louis vieux.

MERLIN, à part. — Bon! elle en sera plus aisée à emporter. (Haut.) Oh çà! monsieur, puisque nous savons
la cause du mal, il ne sera pas difficile d'y remédier;
je crois que nous en viendrons à bout: laissez-moi
faire.

GÉRONTE. — J'ai peine à me persuader tout ce que
tu me dis: cependant on fait tant de contes sur ces ma-
tières-là, que je ne sais qu'en croire. Je m'en vais au-
devant de mes hardes, et je reviens sur mes pas, pour
voir ce qu'il faut faire en cette occasion. Qu'il y a de
traverses dans la vie! On ne saurait avoir un peu de
bien que les hommes ou le diable ne cherchent à vous
l'attraper.

SCÈNE XIV

MERLIN, seul.

Le diable n'aura pas celui-ci.

SCÈNE XV

LISETTE, MERLIN.

LISETTE. — Ah! mon pauvre Merlin, est-il vrai que
le père de ton maître est arrivé?

MERLIN. — Cela n'est que trop vrai. Mais pour nous en consoler, j'ai trouvé un trésor.

LISETTE. — Un trésor!

MERLIN. — Il y a dans la cave, en entrant, à gauche, sous une grande pierre noire, un sac de cuir qui contient vingt mille francs.

LISETTE. — Vingt mille francs!

MERLIN. — Oui, mon enfant; je te dirai cela plus amplement: cours au sac, au sac; c'est le plus pressé.

LISETTE. — Mais si...

MERLIN. — Que le diable t'emporte avec tes si et tes mais. J'entends M. Géronte qui revient sur ses pas: sauve-toi au plus vite. Au sac, au sac.

SCÈNE XVI

MERLIN, seul.

Nous voilà dans un joli petit embarras! et vogue la galère!

SCÈNE XVII

MERLIN, GÉRONTE.

GÉRONTE. — Je n'ai pas tardé, comme tu vois. J'ai trouvé mes gens à deux pas d'ici, et je les ai fait demeurer parce qu'il m'est venu en pensée de mettre mes ballots dans cette maison que mon fils a achetée.

MERLIN, à part. — Nouvel embarras!

GÉRONTE. — Je ne la remets pas bien; viens-t'en m'y conduire toi-même.

MERLIN. — Je le veux bien, monsieur; mais...

GÉRONTE. — Quoi! mais?

MERLIN. — Le diable ne s'est pas emparé de celle-là; mais madame Bertrand y loge encore.

GÉRONTE. — Elle y loge encore!

MERLIN. — Oui, vraiment. On est convenu qu'elle achèverait le terme; et, comme elle a l'esprit faible, elle se met dans une fureur épouvantable quand on lui parle de la vente de cette maison; c'est là sa plus grande folie, voyez-vous.

GÉRONTE. — Je lui en parlerai d'une manière qui ne lui fera pas de peine. Allons, viens.

MERLIN, à part. — Oh! pour le coup, tout est perdu.

GÉRONTE. — Tu me fais perdre patience. Je veux absolument lui parler, te dis-je.

SCÈNE XVIII

MADAME BERTRAND, GÉRONTE, MERLIN.

MERLIN. — Eh bien! monsieur, parlez-lui donc: la voilà qui vient heureusement: mais souvenez-vous toujours qu'elle est folle.

MADAME BERTRAND. — Comment! voilà monsieur Géronte de retour, je pense.

MERLIN, bas, à madame Bertrand. — Oui, madame, c'est lui-même; mais il est revenu fou. Son vaisseau a péri, il a bu de l'eau salée un peu plus que de raison; cela lui a tourné la cervelle.

MADAME BERTRAND, bas. — Quel dommage! le pauvre homme!

MERLIN, bas à madame Bertrand. — S'il s'avise de vous accoster par hasard, ne prenez pas garde à ce qu'il vous dira; nous allons le faire enfermer. (Bas à Géronte.) Si vous lui parlez, ayez un peu d'égard à sa faiblesse; songez qu'elle a le timbre un peu fêlé.

GÉRONTE, bas, à Merlin. — Laisse-moi faire.

MADAME BERTRAND, à part. — Il a quelque chose d'égaré dans la vue.

GÉRONTE, à part. — Comme sa physionomie est changée! elle a les yeux hagards.

MADAME BERTRAND, haut. — Eh bien! qu'est-ce, monsieur Géronte? vous voilà donc de retour en ce pays-ci?

GÉRONTE. — Prêt à vous rendre mes petits services.

MADAME BERTRAND. — J'ai bien du chagrin, en vérité, du malheur qui vous est arrivé.

GÉRONTE. — Il faut prendre patience. On dit qu'il revient des esprits dans ma maison ; il faudra bien qu'ils en délogent, quand ils seront las d'y demeurer.

MADAME BERTRAND, à part. — Des esprits dans sa maison ! Il ne faut pas le contredire, cela redoublerait son mal.

GÉRONTE. — Je voudrais bien, madame Bertrand, mettre dans votre maison quelques ballots que j'ai rapportés de mon voyage.

MADAME BERTRAND, à part. — Il ne se souvient pas que son vaisseau a péri. Quelle pitié ! (Haut.) Je suis à votre service, et ma maison est plus à vous qu'à moi-même.

GÉRONTE. — Ah ! madame, je ne prétends point abuser de l'état où vous êtes. (A part, à Merlin.) Mais vraiment, Merlin, cette femme-là n'est pas si folle que tu disais.

MERLIN, bas, à Géronte. — Elle a quelquefois de bons moments, mais cela ne dure pas.

GÉRONTE. — Dites-moi, madame Bertrand, êtes-vous toujours aussi sage, aussi raisonnable qu'à présent ?

MADAME BERTRAND. — Je ne pense pas, monsieur Géronte, qu'on m'ait jamais vue autrement.

GÉRONTE. — Mais, si cela est, votre famille n'a point été en droit de vous faire interdire.

MADAME BERTRAND. — De me faire interdire, moi ! de me faire interdire !

GÉRONTE, à part. — Elle ne connaît pas son mal.

MADAME BERTRAND. — Mais si vous n'êtes pas ordinairement plus fou qu'à présent, je trouve qu'on a grand tort de vous faire enfermer.

GÉRONTE. — Me faire enfermer ! (A part.) Voilà la machine qui se détraque. Çà, çà ! changeons de propos. (Haut.) Eh bien ! qu'est-ce, madame Bertrand ? êtes-vous fâchée qu'on ait vendu votre maison ?

MADAME BERTRAND. — On a vendu ma maison ?

GÉRONTE. — Du moins vaut-il mieux que mon fils

l'ait achetée qu'un autre, et que nous profitions du bon marché.

MADAME BERTRAND. — Mon pauvre monsieur Géronte, ma maison n'est point vendue, et elle n'est point à vendre.

GÉRONTE. — La, la, ne vous chagrinez point ; je prétends que vous y ayez toujours votre appartement comme si elle était à vous, et que vous fussiez dans votre bon sens.

MADAME BERTRAND. — Qu'est-ce à dire, comme si j'étais dans mon bon sens ? Allez, vous êtes un vieux fou ; un vieux fou, à qui il ne faut point d'autre habitation que les Petites-Maisons, mon ami.

MERLIN, à part, à madame Bertrand. — Êtes-vous sage, de vous emporter contre un extravagant ?

GÉRONTE. — Oh ! parbleu, puisque vous le prenez sur ce ton-là, vous sortirez de ma maison ; elle m'appartient, et j'y ferai mettre mes ballots malgré vous. Mais voyez cette vieille folle !

MERLIN, à part, à Géronte. — A quoi pensez-vous de vous mettre en colère contre une femme qui a perdu l'esprit ?

MADAME BERTRAND. — Vous n'avez qu'à y venir ; je vais vous y attendre. Hom ! l'extravagant ! (A Merlin.) Hâtez-vous de le faire enfermer : il devient furieux, je vous en avertis.

SCÈNE XIX

GÉRONTE, MERLIN.

MERLIN, à part. — Je ne sais pas comment je me tirerai de cette affaire.

SCÈNE XX

LE MARQUIS, ivre ; GÉRONTE, MERLIN.

LE MARQUIS. — Que veut donc dire tout ce tintamarre-là ? Vient-on, s'il vous plaît, faire tapage à la porte d'un honnête homme, et scandaliser toute une populace ?

GÉRONTE, bas, à Merlin. — Merlin, qu'est-ce que cela veut dire ?

MERLIN, bas, à Géronte. — Les diables de chez vous sont un peu ivrognes; ils se plaisent dans la cave.

GÉRONTE, à Merlin. — Il y a ici quelque fourberie; je ne donne point là-dedans.

LE MARQUIS, à Géronte. — Il nous est revenu que le maître de ce logis vient d'arriver d'un long voyage: serait-ce vous par aventure?

GÉRONTE. — Oui, monsieur, c'est moi-même.

LE MARQUIS. — Je vous en félicite. C'est quelque chose de beau que les voyages, et cela façonne bien un jeune homme: il faut savoir comme M. votre fils s'est façonné pendant le vôtre; les jolies manières... Ce garçon-là est bien généreux : il ne vous ressemble pas ; vous êtes un vilain, vous,

GÉRONTE. — Monsieur, monsieur !...

MERLIN, bas, à Géronte. — Ces lutins-là sont d'une insolence !...

GÉRONTE. — Tu es un fripon.

LE MARQUIS.—Nous avons eu bien du chagrin, bien du souci, bien de la tribulation de votre retour; je veux dire de votre absence: votre fils en a pensé mourir de douleur, en vérité; il a pris toutes les choses de la vie en dégoût; il s'est défait de toutes les vanités qui pouvaient l'attacher à la terre: richesses, meubles, ajustements. Ce garçon-là vous aime, cela n'est pas croyable.

MERLIN. — Il serait mort, je crois, de chagrin pendant votre absence, sans cet honnête monsieur-là.

GÉRONTE, au marquis. — Eh ! que venez-vous faire chez moi, monsieur, s'il vous plaît?

LE MARQUIS. — Ne le voyez-vous pas sans que je vous le dise? J'y viens de boire du bon vin de Champagne, et en fort bonne compagnie. Votre fils est encore à table, qui se console de votre absence du mieux qu'il est possible.

GÉRONTE. — Le fripon me ruine. Il faut aller...

(Il va pour rentrer chez lui.)

LE MARQUIS, l'arrêtant. — Halte-là! s'il vous plaît, je ne souffrirai pas que vous entriez là-dedans.

GÉRONTE. — Je n'entrerai pas dans ma maison?

LE MARQUIS. — Non; les lieux ne sont pas disposés pour vous recevoir.

GÉRONTE. — Qu'est-ce à dire?

LE MARQUIS. — Il serait beau, vraiment, qu'au retour d'un voyage, après une si longue absence, un fils qui sait vivre, et que j'ai façonné, eût l'impolitesse de recevoir son très-cher et honoré père dans une maison où il n'y a que les quatre murailles!

GÉRONTE. — Que les quatre murailles! Et ma belle tapisserie, qui me coûtait près de deux mille écus, qu'est-elle devenue?

LE MARQUIS. — Nous en avons eu dix-huit cents livres; c'est bien vendre.

GÉRONTE. — Comment, bien vendre! une tenture comme celle-là!

LE MARQUIS. — Fi! le sujet était lugubre; elle représentait la brûlure de Troie: il y avait là-dedans un grand vilain cheval de bois qui n'avait ni bouche ni éperons: nous en avons fait un ami.

GÉRONTE, à Merlin. — Ah! pendard!

LE MARQUIS. — N'aviez-vous pas aussi deux grands tableaux qui représentaient quelque chose?

GÉRONTE. — Oui vraiment; ce sont deux originaux d'un fameux maître, qui représentent l'enlèvement des Sabines.

LE MARQUIS. — Justement: nous nous en sommes aussi défaits, mais par délicatesse de conscience.

GÉRONTE. — Par délicatesse de conscience!

LE MARQUIS. — Un homme sage, vertueux, religieux comme monsieur Géronte! Ah! il y avait là une immodeste Sabine, décolletée, qui... Fi! ces nudités-là sont scandaleuses pour la jeunesse.

SCÈNE XXI

MADAME BERTRAND, GÉRONTE, LE MARQUIS, MERLIN.

MADAME BERTRAND. — Ah! vraiment, je viens d'apprendre de jolies choses, monsieur Géronte ; et votre fils, à ce qu'on dit, engage ma nièce dans de belles affaires.

GÉRONTE. — Je ne sais ce que c'est que votre nièce; mais mon fils est un coquin, madame Bertrand.

MERLIN. — Oui, un débauché, qui m'a donné de mauvais conseils, et qui est cause...

LE MARQUIS, à Merlin. — Ne nous plaignons point les uns des autres, et ne parlons point mal des absents; il ne faut point condamner les personnes sans les entendre. Un peu d'attention, monsieur Géronte. Il est constant que si... vous prenez les choses du bon côté... quand vous serez content, tout le monde le sera... D'ailleurs, comme dans tout ceci il n'y a pas de votre faute, vous n'avez qu'à ne point faire de bruit, on n'aura pas le mot à vous dire.

GÉRONTE. — Allez au diable, avec votre galimatias.

SCÈNE XXII

LES MÊMES, LUCILE, CIDALISE, LISETTE.
Lisette sort de la maison de Géronte, tenant un sac de louis ; elle est suivie de Lucile et de Cidalise, qui traversent la scène et se retirent.

GÉRONTE. — Mais que vois-je? mon sac et mes vingt mille francs qu'on emporte!

MADAME BERTRAND. — C'est cette coquine de Lisette et ma nièce.

SCÈNE XXIII

CLITANDRE, GÉRONTE, LE MARQUIS, MERLIN, MADAME BERTRAND.

GÉRONTE. — Et mon fripon de fils! ah! misérable!

CLITANDRE. — Il ne faut pas, mon père, abuser plus longtemps de votre crédulité. Tout ceci est un effet du zèle et de l'imagination de Merlin, pour vous empêcher d'entrer chez vous, où j'étais avec Lucile dans le dessein de l'épouser. Je vous demande pardon de ma conduite passée: consentez à ce mariage, je vous prie: on vous rendra votre argent; et je promets que vous serez content de moi dans la suite.

GÉRONTE, à Merlin. — Ah ! pendard, tu te moquais de moi !

MERLIN. — Cela est vrai, monsieur.

MADAME BERTRAND. — Lucile est ma nièce; et si votre fils l'épouse, je lui donnerai un mariage dont vous serez content.

GÉRONTE. — Pouvez-vous donner quelque chose? et n'êtes-vous pas interdite ?

MERLIN. — Elle ne l'est que de ma façon.

GÉRONTE. — Quoi! la maison...

MERLIN, se touchant le front. — Tout cela part de là.

GÉRONTE. — Ah! malheureux! Mais... qu'on me rende mon argent; je me sens assez d'humeur à consentir à ce que vous voulez; c'est le moyen de vous empêcher de faire pis.

LE MARQUIS. — C'est bien dit; cela me plaît. Touchez là, monsieur Géronte : vous êtes un brave homme; je veux boire avec vous: allons nous mettre à table. Cela est heureux que vous soyez venu à propos pour être de la noce.

FIN

LE BAL

PERSONNAGES

GÉRONTE, père de Léonor.
LEONOR.
VALÈRE, amant de Léonor.
M. DE SOTENCOUR, bourgeois de Falaise.
LISETTE, servante de Léonor.
MERLIN, valet de Valère.
FIJAC, Gascon, sous le nom du baron d'Aubignac.

MATHIEU CROCHET, cousin de M. de Sotencourt.
M. GRASSET, rôtisseur.
M. LA MONTAGNE, marchand de vins.
GILLETTE.
TROUPE DE MASQUES.

(La scène est à Charonne.)

SCÈNE I

MERLIN, seul.

Me voici dans Charonne, et voilà le logis
Où l'amour nous conduit : gardons d'être surpris.
Il fait, ma foi, bien chaud, j'ai bien eu de la peine,
Je suis venu sans boire. Ouf! je suis hors d'haleine.
Je risque dans ce lieu bien plus qu'au cabaret.
Monsieur Géronte a l'air d'un petit indiscret ;
S'il me voit, ce vieillard m'éconduira peut-être
Fort incivilement. D'ailleurs aussi mon maître
Est un autre brutal qui n'entend point raison,
Et veut être introduit ce soir dans la maison.
Entre ces deux écueils, je le donne au plus sage
A pouvoir se sauver ici de quelque orage.
Qu'on est fou! pour un autre aller risquer son dos!
Ah! qu'un grand philosophe a dit bien à propos
Qu'un bon valet était une pièce bien rare!
On dit que pour la noce ici tout se prépare.

Je veux, en tapinois, faire la guerre à l'œil.
Déjà la nuit commence à s'habiller de deuil.
Lisette dans ces lieux m'a promis de se rendre,
Pour savoir quel parti mon maître pourra prendre.
Mais j'entrevois quelqu'un.

SCÈNE II

MERLIN, M. GRASSET, tenant un plat de rôt;
M. LA MONTAGNE, tenant un panier de bouteilles.

M. GRASSET, à Merlin.
Monsieur, voilà le rôt.
M. LA MONTAGNE, à Merlin.
Monsieur, voilà le vin.
MERLIN.
Vous venez à propos.

(A part.)
Ils me prennent sans doute ici pour l'économe :
Profitons de l'erreur, faisons le majordome.
M. GRASSET.
Voilà douze poulets à la pâte nourris ;
Autant de pigeons gras, dont les culs sont farcis ;
Poules de Caux, pluviers, une demi-douzaine
De râles de genêt, six lapins de garenne ;
Deux jeunes marcassins, avec quatre faisans :
Le tout est couronné de soixante ortolans ;
Et des perdrix, morbleu! d'un fumet admirable.
Sentez plutôt. Quel baume !
MERLIN.
Oui, je me donne au diable,
Ce gibier est charmant ; et je le garantis
Bourgeois, et né natif en plaine Saint-Denis.
M. GRASSET.
Monsieur !
MERLIN.   [vienne
Oh! je connais vos tours. Qu'il vous sou-
Qu'un jour, étant chez vous, par malheur la garenne

S'ouvrit et qu'aussitôt on vit tous vos garçons
S'armer habilement de broches, de bâtons,
Et qu'ils eurent grand'peine, avec cet air si brave
A faire rembûcher au fond de votre cave,
Et dans votre grenier, tous les lapins fuyards,
Qu'on voyait dans la rue abondamment épars.

M. GRASSET.

Je ne mérite pas, monsieur, un tel reproche.

MERLIN prend deux perdrix qu'il met dans sa poche.

Donnez-moi deux perdrix : allez coucher en broche,
Et souvenez-vous bien, vous et vos galopins,
De mieux, à l'avenir, enfermer vos lapins.

(A M. la Montagne.)

Entrez. Pour vous, monsieur, qui portez la vendange,
Vous ne valez pas mieux; on ne perd rien au change.
C'est là tout mon vin ?

M. LA MONTAGNE.

    Tout; on n'est pas un fripon.
Il faut être en ce monde, ou marchand, ou larron.

MERLIN, tirant une bouteille.

On est bien tous les deux. Voyons. Sans vous déplaire,
Cette bouteille-ci me paraît bien légère.
Vous êtes un fripon, un scélérat.

M. LA MONTAGNE.

      Monsieur,
Vous me rendez confus.

MERLIN.

    Un Arabe, un voleur.

M. LA MONTAGNE.

Vous avez des bontés !

MERLIN.

    Sans parler de la colle,
Ni des ingrédients dont votre art nous désole...
Je vous y tiens : voilà, monsieur le gargotier,
Des bouteilles qui sont faites d'un triple osier.
Ah! monsieur le pendard !

(Il défait une bouteille couverte de trois ou quatre osiers, en sorte
  qu'il n'en demeure qu'un fort petit)

M. LA MONTAGNE.
Mais ce n'est pas ma faute.
Le marchand...

MERLIN.
Se peut-il volerie aussi haute ?
De l'or et des grandeurs, je n'en demande pas :
Juste ciel ! seulement fais qu'avant mon trépas
Je puisse de mes yeux voir trois de ces corsaires,
Ornant superbement trois bois patibulaires,
Pour prix de leurs larcins, en public élevés,
Danser la sarabande à deux pieds des pavés.
Voilà les vœux ardents que fait pour votre avance
Le plus sincère ami que vous ayez en France.
Adieu... Laissez-m'en deux, comme un échantillon,
Pour montrer qu'à bon droit vous passez pour fripon.
(Il les met dans ses poches, et en prend une troisième.)

M. LA MONTAGNE.
Vous avez pris mon vin !

M. GRASSET.
Qui me payera ma viande ?

MERLIN.
Je l'ai fait à dessein. Hippocrate commande
Et dit en quelque endroit que, pour se bien porter,
Il se faut quelquefois dérober un souper.

SCÈNE III

MERLIN, seul.
Si toute cette troupe, et celui qui l'envoie,
Etait au fond de l'eau, que j'en aurais de joie !
Voilà la noce en branle.

(Il boit.)

SCÈNE IV

LISETTE, MERLIN.

LISETTE.
Ah ! Merlin, te voilà
La bouteille à la main ! que diantre fais-tu là ?

MERLIN. Il boit.
En t'attendant, tu vois que je me désennuie.
LISETTE.
Tout est perdu, Merlin; Léonor se marie.
Monsieur de Sotencour, pour nous faire enrager,
De Falaise à Paris vient par le messager :
Il arrive en ce jour, et pour lui faire fête,
Hors ma maîtresse et moi, tout le monde s'apprête.
MERLIN. Il boit.
Que j'en ai de chagrin !
LISETTE.
Pour faire un plein régal,
Ce soir, avant la noce, on donne ici le bal.
MERLIN, vidant sa bouteille.
On donne ici le bal? L'affaire est donc finie ?
LISETTE.
Autant vaut, mon enfant.
MERLIN.
Morbleu! j'entre en furie,
En songeant qu'un morceau si tendre et si friand
Doit tomber sous la main d'un maudit Bas-Normand,
Et de Falaise encor. Dis-moi : monsieur Géronte,
Père de Léonor, ne meurt-il point de honte ?
LISETTE.
Ce Normand a, dit-il, plus de cent mille écus ;
Et, pour faire un mari, c'est autant de vertus.
MERLIN.
Et que dit ta maîtresse ?
LISETTE.
Elle se désespère,
S'arrache les cheveux.
MERLIN.
Autant en fait Valère.
A table, aux Entonnoirs, dans un grand embarras,
Le pauvre diable attend sa vie ou son trépas.
LISETTE.
Il peut donc maintenant, puisque l'affaire est faite,
Mourir quand il voudra.

MERLIN.

Quoi ! ma pauvre Lisette,
Laisserons-nous crever un pauvre agonisant ?

LISETTE.

N'as-tu point de remède à ce mal si pressant,
Quelque élixir heureux, quelque once d'émétique ?

MERLIN.

Mais toi, ne peux-tu rien tirer de ta boutique ?
J'ai fait le diable à quatre.

LISETTE.

Et j'ai fait le dragon,
Moi. J'attends même encore un mien parent gascon,
A qui j'ai fait le bec, et qui, ce soir, s'engage
A venir traverser ce maudit mariage.

MERLIN.

Et quel est ce Gascon que tu mets dans l'emploi ?

LISETTE.

C'est un fourbe, un fripon, à peu près comme toi.

MERLIN.

Comme moi, des fripons ! Fijac seul me ressemble.

LISETTE.

C'est lui.

MERLIN.

Je le verrai, nous agirons ensemble.
Si Valère pouvait seulement se montrer...

LISETTE.

Bon ! cela ne se peut. Comment pouvoir entrer?
Tout le monde au logis vous connaît l'un et l'autre.

MERLIN.

Ne sais-tu pas encor quelle adresse est la nôtre
On m'a dit que ce soir on doit danser, chanter.

LISETTE.

On me l'a dit ainsi.

MERLIN.

J'en saurai profiter.
Aide-nous seulement.

LISETTE.

Je suis prête à tout faire.

MERLIN.

Et moi, je te promets que si, dans cette affaire,
Mon maître, plus heureux, épouse *incognito*,
Je pourrai t'épouser de même *ex abrupto*.

LISETTE.

Depuis que mon mari, par grâce singulière,
D'un surtout de sapin, que l'on appelle bière,
Dont on sort rarement, a voulu se munir,
J'ai fait vœu d'être veuve, et je le veux tenir.

MERLIN.

Oui-dà, l'état de veuve est une douce chose :
On a plusieurs amants sans que personne en glose,
Et l'on fait justement, du soir jusqu'au matin,
Comme ces fins gourmets qui vont goûter le vin.
Sans acheter d'aucun, à chaque pièce on tâte :
On laisse celui-ci de peur qu'il ne se gâte ;
On ne veut pas de l'un, parce qu'il est trop vert,
Celui-ci trop paillet, cet autre trop couvert.
D'un tel vin la couleur est malade et bizarre ;
Cet autre, dans le chaud, peut tourner à la barre :
L'un est trop plat au goût, l'autre trop pétillant;
Et ce dernier enfin a trop peu de montant.
Ainsi, sans rien choisir, de tout on fait épreuve :
Et voilà justement comme fait une veuve.

LISETTE.

Une veuve a raison. J'aime mieux, prix pour prix,
Deux amants comme il faut, que cinquante maris,
Un époux est un vin difficile à revendre ;
On peut en essayer, mais il n'en faut point prendre.

MERLIN.

Si tu voulais de moi faire un petit essai,
J'ai du montant de reste, et le vin assez gai.
Mais je m'arrête trop, et je laisse mon maître
Se distiller en pleurs et s'enivrer peut-être.
Je te quitte et je vais arrêter ses transports.
Si Lisette est pour nous, nous sommes assez forts.

SCÈNE V

LISETTE, seule.

Je veux à les servir m'employer tout entière :
Ce monsieur Bas-Normand me choque la visière.

SCÈNE VI

GILLETTE, LISETTE.

GILLETTE.

De la joie ! Ah, Lisette ! A la fin, dans la cour,
Arrive avec fracas monsieur de Sotencour :
Monsieur de Sotencour !

LISETTE.

           Au diantre la bégueule,
Avec son Sotencour : voyez comme elle gueule !

GILLETTE.

Je l'ai vu de mes yeux descendre de cheval :
Il amène un cousin, un grand original,
Qu'on avait mis en croupe ainsi qu'une valise.
Mais les voici tous deux.

LISETTE.

           L'affaire est dans sa crise.

SCÈNE VII

SOTENCOUR, MATHIEU CROCHET, en guêtres;
UN VALET, qui porte une lanterne et un sac.

SOTENCOUR,

Trop heureuse maison, et vous, murs trop épais,
Qui cachez à mes yeux le plus beau des objets,
Qui, dans vos noirs détours, recélez Léonore,
Faites de votre pis, cachez-la mieux encore :
Mais bientôt, malgré vous, je verrai ses appas
Cap à cap, sans réserve, et du haut jusqu'en bas.

Je verrai son nez... son... Mais j'aperçois Lisette.
Maîtresse subalterne, adorable soubrette,
Tu me vois en ces lieux, en propre original ;
Pour serrer le doux nœud du lien conjugal.

LISETTE, à part.

Le bourreau t'en fasse un, qui te serre la gorge,
Maudit provincial !

SOTENCOUR.

De plaisir je regorge,
En songeant... Ah ! cousin, qu'elle a le nez joli,
Le minois égrillard, le cuir fin et poli !
Sur son blanc estomac deux globes se soutiennent,
Qui pourtant, à l'envi, sans cesse vont et viennent,
Et qui font que d'amour je suis presque enragé.
Pour le reste, cousin, quel heureux préjugé !
L'eau m'en vient à la bouche.

MATHIEU CROCHET, en Normand.

Est-elle brune ou blonde ?

SOTENCOUR.

Oh ! non, elle est bai-clair ; ses cheveux sont en onde,
Et fort négligemment flottent à gros bouillons
Sur sa gorge d'albâtre et vont jusqu'aux talons.
Son teint est... tricolor : elle est, ma foi, charmante.

(A Lisette.)

La belle de me voir est bien impatiente ?
Comment se porte-t-elle ?

LISETTE.

Assez mal : elle dit
Qu'elle ne fait la nuit que tourner dans son lit.

SOTENCOUR.

Dans peu nous calmerons le tourment qu'elle endure,
Et nous l'empêcherons de tourner, je te jure.

LISETTE.

Sans cesse elle soupire.

SOTENCOUR.

Eh bien ! cousin, tu voi :
Ai-je tort, quand je dis qu'elle est folle de moi ?

LISETTE.

Tout est feinte, monsieur, souvent dans une fille :
Ne vous y fiez pas. L'une paraît gentille,
Pour savoir se servir d'une beauté d'emprunt,
Mettre un visage blanc sur un visage brun ;
L'autre de faux cheveux compose sa coiffure ;
Cette autre de ses dents bâtit l'architecture ;
Celle-ci doit sa taille à son patin trompeur,
Et l'autre ses tétons à l'art de son tailleur,
Des charmes apparents on est souvent la dupe,
Et rien n'est si trompeur qu'animal porte-jupe.

SOTENCOUR.

Léonor aurait-elle aucun de ces défauts ?

LISETTE.

Je ne dis pas cela ; mais le monde est si faux.
Une fille toujours a quelque fer qui loche.

MATHIEU CROCHET.

Oh ! cousin, n'allez pas acheter chat en poche.
Pour savoir si la belle est droite ou de travers,
Faites-la visiter avant par des experts.

SOTENCOUR.

Bon, bon : va, s'il fallait que cette marchandise
Fût sujette à visite avant que d'être prise,
Malgré tant d'acheteurs, je te jure, cousin,
Qu'elle demeurerait longtemps au magasin.
Mais je la vois paraître.

SCÈNE VIII

GÉRONTE, LÉONOR, SOTENCOUR, MATHIEU CROCHET, LISETTE

GÉRONTE, à Sotencour.

Ah ! serviteur, mon gendre :
Soyez le bien-venu. Vous vous faites attendre :
Votre retardement allait m'inquiéter,
Et ma fille était prête à s'impatienter.

SOTENCOUR.

J'en suis persuadé. Mais vous aussi, madame,
D'impatients transports vous bourrelez mon âme :

Mon cœur tout pantelant, comme un cerf aux abois,
Par avance à vos pieds vient apporter son bois.
Vos beaux yeux désormais sont le nord ou le pôle
Où de tous mes désirs tournera la boussole :
Vos appas, vos attraits..... qui vous font tant d'honneur...
Vous ne répondez rien, doux objet de mon cœur ?

GÉRONTE.

La joie et le plaisir...

SOTENCOUR.

Je vous entends, beau-père ;
Le plaisir de me voir la gonfle de manière
Qu'elle ne peut parler.

GÉRONTE.

Justement.

SOTENCOUR.

Dans ce jour
Nous ne ferons plus qu'un, vous et moi Sotencour.

LISETTE, à part.

Ah ! la belle union !

SOTENCOUR.

Moi bien fait, vous gentille,
Nous allons mettre au monde une belle famille.
Beau-père, on dit bien vrai : quant à moi, j'y souscris :
On a beau faire, il faut prendre femme à Paris,
L'on y taille en plein drap. Nos femmes de province
Ont l'abord repoussant, la mine plate et mince,
L'esprit sec et bouché, le regard de hibou,
L'entretien discourtois et l'accueil loup-garou ;
Mais le sexe, à Paris, a la mine jolie,
L'air attractif, surtout la croupe rebondie :
Mais il est diablement sujet à caution.

MATHIEU CROCHET.

On dit qu'à forligner il a la propension.

SOTENCOURT.

Je veux croire pourtant, malgré la destinée,
Que je pourrai toujours aller tête levée ;
Que malgré votre nez, et cet air égrillard,
Mon front, entre vos mains, ne court point de hasard.

Voudriez-vous, mignonne, à la fleur de mon âge,
Mettre inhumainement mon honneur au pillage?
Me réserveriez-vous pour un tel accident?
Hein! vous ne dites mot?

LISETTE, à part.

Qui ne dit mot, consent.

SOTENCOUR.

Beau-père, jusqu'ici, s'il faut que je le dise,
La future n'a point encore dit de sottise;
Peut-être qu'elle en pense : en tout cas, j'avertis
Qu'elle a l'entretien maigre et le discours concis.

GÉRONTE.

Tant mieux pour une femme.

SOTENCOUR.

Oui, quand par retenue
Elle caquette peu : mais si c'est une grue...
Dans ma famille, au moins, on ne voit point de sots.
Lui, par exemple, il a plus d'esprit, qu'il n'est gros.

MATHIEU CROCHET.

Le cousin me connaît. Oh! je ne suis pas cruche,
Tel que vous me voyez.

SOTENCOUR.

Lui... c'est la coqueluche
Des filles de Falaise. Il étudie en droit,
Et sait tout son Cujas sur le bout de son doigt.

MATHIEU CROCHET.

Oh! quand on a du Code acquis quelque teinture,
Près des femmes de reste on sait la procédure :
Nous autres du barreau, nous sommes des gaillards.

LISETTE.

Vous êtes avocat?

MATHIEU CROCHET.

Et de plus, maître ès-arts.

SOTENCOUR.

Très-altéré, beau-père, au moins ne vous déplaise :
On a soif volontiers, quand on vient de Falaise.
Allons tâter du vin.

GÉRONTE.

Allons, c'est fort bien dit.

SOTENCOUR.
Je me sens là-dedans un terrible appétit,
MATHIEU CROCHET.
Depuis trois jours je jeûne, afin d'être capable
De pouvoir dignement faire figure à table.
LISETTE.
Monsieur est prévoyant.
SOTENCOUR.
Vraiment, c'est fort bien fait.
Allons, suivez-moi donc, cousin Mathieu Crochet.
Bientôt nous reviendrons, ô beauté, mon idole !
Voir si vous n'avez point retrouvé la parole.

SCÈNE IX

LÉONOR, LISETTE, regardant partir Mathieu Crochet.

LISETTE.
Voilà ce qui s'appelle un garçon fait au tour !
LÉONOR.
Lisette, que dis-tu de monsieur Sotencour ?
LISETTE.
Et de Mathieu Crochet, qu'en dites-vous, madame ?
LÉONOR.
De monsieur Sotencour je deviendrais la femme
A ne t'en point mentir, je suis au désespoir.
LISETTE.
Oh ! qu'il ne vous tient pas encore en son pouvoir !
Valère n'est pas homme à quitter la partie ;
Il faut qu'il vous épouse ou j'y perdrai la vie.

SCÈNE X

LÉONOR, LISETTE, MERLIN, en maître de musique
avec des porteurs d'instruments, dans l'un desquels est Valère.

MERLIN chante.
Pour attraper un rossignol,
Ré mi fa sol,
Je disais un jour à Nanette :

Il faut aller au bois ; mais chut!
　　　Mi fa sol ut.
Je me trouvai dans sa cachette ;
Le rossignol y vint aussi,
　　　Mi ré ut si ;
Et, sitôt qu'il fut sur la branche,
Prêt à chanter de son bon gré,
　　　Sol fa mi ré,
Elle le prit de sa main blanche,
Et puis dans sa cage le mit,
　　　La sol fa mi.

LISETTE

Que cherchez-vous, monsieur, avec cet équipage ?

MERLIN.

Vous voyez un Breton prêt à vous rendre hommage.
Depuis plus de vingt ans je rôde l'univers,
Où je fais admirer l'effet de mes concerts.

LISETTE.

Tant mieux pour vous, monsieur, j'en ai l'âme ravie ;
Mais nous ne sommes point en goût de symphonie :
Laissez-nous, s'il vous plaît, avec tous nos ennuis.

MERLIN.

Quand vous me connaîtrez... vous saurez qui je suis.

LISETTE.

Je le crois bien.

MERLIN.

　　　　　Je suis un musicien rare,
Charmé de mon savoir, gueux, ivrogne et bizarre.

LISETTE.

Pour la profession, voilà de grands talents !

MERLIN, à Léonor.

Voudriez-vous m'entendre ?

LÉONOR.

　　　　　　　　Oh! je n'ai pas le temps.
De chagrins trop cuisants j'ai l'âme pénétrée.

MERLIN.

Tant mieux : je vous voudrais encor désespérée.

LISETTE.

Elle n'en est pas loin.

MERLIN.

C'est comme je la veux,
Pour donner à mon art un exercice heureux.

LÉONOR.

Pour des Bretons, monsieur, gardez votre science.

MERLIN.

J'ai tout ce qu'il vous faut autant qu'homme de France.
Tout Breton que je suis, je sais votre besoin.

LISETTE, à Léonor.

Ne le renvoyons pas, puisqu'il vient de si loin.

MERLIN.

Dans un concert d'hymen, lorsque quelqu'un discorde,
Je sais juste baisser ou hausser une corde :
Nul ne sait de l'amour mieux le diapason,
Ni mettre, comme moi, deux cœurs à l'unisson.

LISETTE.

Oh! vous aurez grand' peine, avec votre industrie,
A faire ici chanter deux amants en partie.

MERLIN.

J'ai dans cet étui-là, madame, un instrument
Qui calmerait bientôt vos maux assurément :
Il est doux, amoureux, insinuant et tendre ;
Il va tout droit au cœur.

LISETTE.

Ne peut-on point l'entendre?

LÉONOR.

Ah! laisse-moi, Lisette, en proie à mon malheur.

LISETTE.

Madame, un air ou deux calment bien la douleur.

MERLIN.

Écoutez-le, de grâce, un seul moment sans peine;
Et, s'il ne vous plaît pas, soudain je le rengaîne.

(Il ouvre l'étui dans lequel est Valère.

Cet instrument, madame, est-il de votre goût?

LÉONOR.

Que vois-je? c'est Valère!

LISETTE.

Et Merlin!

MERLIN.

Point du tout.

Je suis un Bas-Breton.

VALÈRE.

Non, belle Léonore,

Je n'ai pu résister au feu qui me dévore ;
Et puisqu'on rompt les nœuds qui nous avaient liés,
Je viens, dans un moment, expirer à vos pieds.

LÉONOR.

A quoi m'exposez-vous ?

VALÈRE.

Pardonnez à mon zèle.

LÉONOR.

Mon père va venir.

LISETTE.

Je ferai sentinelle.

LÉONOR.

Mais que prétendez-vous ?

VALÈRE.

Vous prouver mon amour.

Pour détourner l'hymen qu'on veut faire en ce jour,
Souffrez que cet amour soit en droit de tout faire.

LISETTE.

Gare ! tout est perdu, j'aperçois votre père.

MERLIN, à Valère.

Rentrez vite.

(Valère rentre dans l'étui.)

LISETTE.

Non, non, ce n'est pas encor lui.

MERLIN.

Maugrebleu de la masque ! Allons rouvrir l'étui.
C'est Lisette, monsieur, qui cause ce vacarme.

(A Lisette.)

Fais mieux le guet au moins : une seconde alarme
Démonterait, morbleu, l'instrument pour toujours.

VALÈRE, sortant de l'étui.

Ah ! madame, aujourd'hui secondez nos amours ;
Évitez d'un rival l'odieuse poursuite ;
Ce soir, pendant le bal, livrez-vous à la fuite.

LÉONOR.

Mais comment?

VALÈRE.

De Merlin vous saurez pleinement...

LISETTE.

Vite, vite, rentrez, monsieur, de l'instrument.
Ah! Merlin, pour le coup, c'est Géronte en personne.

VALÈRE.

Ah! madame...

MERLIN, à Valère.

Eh! rentrez.

(Valère rentre dans l'étui.)

LÉONOR, à Merlin.

A toi je m'abandonne.

(Elle sort.)

SCÈNE XI

GÉRONTE, SOTENCOUR, LISETTE, MERLIN; VALÈRE, dans l'étui.

MERLIN, feignant d'être en colère.

Oui, vous êtes un sot en bécare, en bémol,
Par la clef d'F ut fa, C sol ut, G ré sol.
De la sorte insulter la musique bretonne!

SOTENCOUR.

Lisette, quelle est donc cette mine bouffonne?

LISETTE.

C'est un musicien bas-breton!

SOTENCOUR.

Bas-breton!
Cet homme doit chanter sur un diable de ton
Je crois dès à présent sa musique enragée :
Jamais, de son pays, il n'est venu d'Orphée;
Pour des doubles bidets, passe.

MERLIN.

Fat animal,
Vil carabin d'orchestre, atome musical,
Par la mort...

SOTENCOUR, l'arrêtant
Doucement.

MERLIN.

Tenez-moi, je vous prie;
Si j'échappe une fois, je veux avoir sa vie.
Laissez...

(Il donne sur les doigts de Sotencour.)

SOTENCOUR.

Si je te tiens! je veux être empalé.

MERLIN, revenant.

Comment! me soutenir que mon air est pillé !
Un air délicieux, que j'estime, que j'aime.
Et que j'ai pris plaisir à composer moi-même
Dans Quimper-Corentin.

GÉRONTE.

Il a tort.

LISETTE.

Entre nous,
Cela ne se dit point.

SOTENCOUR.

Là, là, consolez-vous,
Ce n'est pas un grand mal; on ne voit point en France,
Punir de ces larcins la fréquente licence.
Mais que vois-je? est-ce à vous ce petit instrument?

MERLIN.

Pour vous servir, monsieur.

SOTENCOUR.

J'en joue élégamment;
Je vais vous régaler d'un petit air.

MERLIN, l'arrêtant.

De grâce,
Je ne puis m'arrêter... Il faut...

SOTENCOUR.

Sur cette basse,
Je veux que l'on m'entende un moment préluder .

MERLIN.

Vous seriez trop longtemps, monsieur, à l'accorder;
Et, de plus, mon valet a la clef dans sa poche.

SOTENCOUR.

Tous ces gens-là sont faits de croche et d'anicroche.
Je vous dis que je veux...

LISETTE.

Vous en jouerez fort mal;
L'instrument est breton.

MERLIN.

Et tant soit peu brutal :
Vous l'entendrez tantôt, je me ferai connaître ;
Et vous verrez pour lors quel homme je puis être.

SOTENCOUR.

Quoi! vous voulez, monsieur, donner concert céans?

MERLIN.

Je cherche à me produire aux yeux d'habiles gens.

SOTENCOUR.

Vous venez tout à point. Ce soir je me marie,
De la noce et du bal souffrez que je vous prie.

MERLIN.

Volontiers : j'y prétends figurer comme il faut.

LISETTE, à Merlin.

Faites toujours porter votre instrument là-haut.

SOTENCOUR, à Merlin.

Allons, venez, monsieur ; je m'en vais vous conduire :
Moi-même, dans le bal, je veux vous introduire.

MERLIN, en reportant son etui.

Et je m'introduirai de moi-même au soupé.

(A part.)

Ma foi, nous et l'étui, l'avons bien échappé.

SCÈNE XII

SOTENCOUR, LISETTE

SOTENCOUR.

Eh bien! que dirons-nous? Où donc est ta maîtresse?
Je vois qu'à me trouver la belle peu s'empresse.
Si nous ne nous cherchons jamais plus volontiers,
Je ne lui promets pas grand nombre d'héritiers.

LISETTE.

Bon, je sais des maris qui, pour éviter noise,
N'ont jamais approché leur femme d'une toise,
Et qui ne laissent pas d'avoir en leur maison
Un grand nombre d'enfants qui portent tous leur
SOTENCOUR · [nom.

Je sais que Léonor aime un certain Valère,
Un fat, un freluquet, qui n'a l'heur de lui plaire
Que par son air pincé; mais c'est un petit fou,
Sans esprit, sans mérite, et qui n'a pas un sou :
On m'a dit seulement que sa langue babille.

LISETTE.

Eh! que faut-il de plus pour toucher une fille !

SOTENCOUR.

Oui!... Dis à Léonor, en termes clairs et nets,
Que je ne veux pas être époux *ad honores*.
Vois-tu, je ne suis pas de ces gens débonnaires
Qui font valoir leur femme en des mains étrangères ;
Et, mettant à profit un salutaire affront,
Lèvent, à petit bruit, un impôt sur leur front.

SCÈNE XIII

LE BARON D'AUBIGNAC, Gascon; LISETTE, SOTENCOUR

LE BARON. [grâce
Ah! monsieur, jé vous cherche. Eh! permettez dé
Qué, sans plus différer, ici jé vous embrasse.

SOTENCOUR.

Pour la première fois, l'accueil est fraternel.

LE BARON.

N'est-ce pas vous, monsieur, qui vous nommez un tel?

SOTENCOUR.

Oui, je me nomme un tel, mais j'ai, ne vous déplaise,
Encore un autre nom.

LE BARON.

Jé viens vous montrer l'aise
Qué j'ai d'avoir appris qué vous vous mariez.

SOTENCOUR.

Je ne mérite pas, monsieur, tant d'amitiés.

LE BARON.

Nul né prend plus qué moi dé part à cette affaire.

SOTENCOUR.

Et pourquoi, s'il vous plaît, peut-elle tant vous plaire?

LE BARON.

Pourquoi? cetté démande est bonne! Maintenant
Qué vous allez rouler déssus l'argent comptant,
Vous né ferez, jé crois, loyal comme vous êtes,
Nullé difficulté dé bien payer vos dettes.

SOTENCOUR.

Grâces au ciel, monsieur, je ne dois nul argent,
Et vais le front levé sans crainte du sergent.

LE BARON.

Cinq cents louis pour vous, c'est une vagatelle ;
Allons, payez-les-moi.

SOTENCOUR.

La demande est nouvelle!
Sotencour est mon nom, me connaissez-vous bien?

LE BARON.

Sotencour... Justement, c'est pour vous qué jé vien.

SOTENCOUR.

Je vous dois quelque chose ?

LE BARON.

Eh donc! lé tour est drôle!
C'est cet argent, monsieur, qué sur votre parole
Jé vous ai très-gagné, l'autre hiver, à trois dés.

SOTENCOUR.

A moi, monsieur?

LÉ BARON.

A vous.

SOTENCOUR.

Eh, parbleu! vous rêvez :
Pour connaître vos gens, mettez mieux vos lunettes.

LE BARON.

Comment! chétif mortel, vous déniez vos dettes?
Vous né connaissez plus lé baron d'Aubignac,
Vicomté dé Dougnac, Croupignac, Foulignac,

Gentilhomme gascon, plus noblé qué personne,
D'uné race ancienne autant que la Garonne?

SOTENCOUR.

Quand elle le saurait tout autant que le Nil,
Votre propos, monsieur, n'est ni beau ni civil.
Je ne vous connais point, ni ne veux vous connaître.

LE BARON.

Il né mé connaît pas! lé scélérat! lé traître!
Né vous souvient-il plus dé cet hiver dernier,
Quand notré régiment fut chez vous en quartier,
Un jour dé carnaval, chez cette conseillère
Qui m'adorait... Eh donc! vous mémorez l'affaire?

SOTENCOUR.

Pas plus qu'auparavant : je ne sais ce que c'est.

LE BARON, mettant la main à son épée.

Ah! jé vous en ferai souvenir, s'il vous plaît;
Car, cadédis, jé veux qué le diable mé scie...

LISETTE, l'arrêtant.   [prie.

Ah! tout beau : dans ce lieu point de bruit, je vous
Monsieur est honnête homme, et qui vous paîra bien.

SOTENCOUR.

Moi, payer! eh pourquoi, si je ne lui dois rien?

LE BARON.

Vous né mé devez rien?

LISETTE.

                    Un gascon n'est pas homme
A venir, sans sujet, demander une somme.

SOTENCOUR.

Un Gascon! un Gascon a grand besoin d'argent;
Et pourvu qu'il en trouve, il n'importe comment.
Jamais de son pays ne vint lettre de change;
Et, quoiqu'il mange peu, si faut-il bien qu'il mange.

LISETTE.

Donnez-lui seulement deux ou trois cents écus.

SOTÉNCOUR.

J'aimerais mieux cent fois vous voir tous deux pendus.

LE BARON, l'épée à la main.

C'est trop contre un faquin réténir ma colère.

LISETTE, au baron.
Eh ! de grâce, monsieur !

LE BARON.
Non, non, laissez-moi faire,
Qué jé le perce à jour.

SOTENCOUR crie.
A l'aide ! je suis mort.

SCÈNE XIV

GÉRONTE, SOTENCOUR, LISETTE, LE BARON D'AUBIGNAC.

GÉRONTE.
Pour quel sujet, messieurs, criez-vous donc si fort ?

LE BARON.
Un atomé bourgeois qui perd sur sa parole,
Et né veut pas payer !... Mais cé qui mé console
Jé veux dévénir nul, ou j'en aurai raison.

GÉRONTE.
Que veut dire cela ?

SOTENCOUR, à Géronte.
Monsieur, c'est un fripon,
Un Gascon affamé qui cherche à vous surprendre.

LE BARON, à Géronte, voulant percer Sotencour.
Rétirez-vous, monsieur.

GÉRONTE.
Ah ! tout beau, c'est mon gendre.

LE BARON.
Cet homme est votre gendre ?

GÉRONTE.
Il le sera dans peu.

LE BARON.
Tant mieux : vous mé pairez cé qu'il mé doit au jeu.
Jé fais arrêt sur vous, sur la fille et la dote.

GÉRONTE, à Sotencour.
Quoi ! vous avez perdu ?

SOTENCOUR.
Je vous dis qu'il radote.
Je ne sais...

LE BARON, à Géronte.
Nuit et jour il hanté les brélans ;
Il doit encore au jeu plus dé vingt millé francs.

GÉRONTE.
Plus de vingt mille francs.

LE BARON.
Oui, monsieur.

SOTENCOUR.
Je vous jure.
Foi de vrai Bas-Normand, que c'est une imposture ;
Que je ne comprends rien à ce maudit jargon,
Et ne sais, pour tout jeu, que l'oie et le toton.

LE BARON.
Vous mé gâtez ici bien du temps en paroles,
Monsieur, jé veux toucher mes quatré cents pistoles,
Ou, cadédis, jé veux lé saigner à l'instant.

GÉRONTE.
Si mon gendre vous doit...

LE BARON.
S'il mé doit !

GÉRONTE.
Je prétends
Que vous soyez payé ; mais, sans plus de colère,
Permettez qu'à demain nous remettions l'affaire.
Je marie aujourd'hui ma fille, et retiendrai
Sur sa dot cet argent, que je vous donnerai.

LE BARON.
C'est parler comme il faut. Quand on est raisonnable,
Tout Gascon qué jé suis, jé suis doux et traitable.
Adieu. Jusqu'à démain. Mais souvenez-vous-en,
Qué j'ai votré parole et grand besoin d'argent.

SCÈNE XV

GÉRONTE, LISETTE, SOTENCOUR.

GÉRONTE.
Vous êtes donc joueur ?

SOTENCOUR.

Que l'on me pilorie,
Si j'ai hanté ni vu ce Gascon de ma vie.

GÉRONTE.

Mais pourquoi viendrait-il?...

SOTENCOUR.

C'est un fourbe; et, sans vous
J'allais vous le bourrer comme il faut.

LISETTE.

Entre nous,
Vous avez d'un joueur acquis la renommée;
Et le feu, comme on dit, ne va point sans fumée.

SOTENCOUR.

Oh! quittons ce propos, et ne songeons qu'au bal.
J'aperçois le cousin; il n'est, ma foi, point mal.

SCÈNE XVI

MATHIEU CROCHET, en habit de Cupidun; GÉ-
RONTE, SOTENCOUR, LISETTE, LÉONOR,
couverte d'une grande mante de taffetas, un masque à la main; UNE
TROUPE DE DIFFÉRENTS MASQUES.

MATHIEU CROCHET.

Me voilà, mon cousin, dans mon habit de masque.

SOTENCOUR.

L'équipage est galant, et l'attirail fantasque.
Ma prétendue aussi n'est pas mal, sur ma foi;
Mon cœur, en la voyant, me dit je ne sais quoi.

LÉONOR.

Oh! qu'il ne vous dit pas tout ce que le mien pense!

LISETTE.

Le cousin est masqué mieux que personne en France;
Il est tout à manger : les femmes, dans le bal,
Le prendront pour l'Amour en propre original.

MATHIEU CROCHET.

N'est-il pas vrai?

SOTENCOUR.

Parbleu, plus d'une curieuse,
De l'aîné des Amours va tomber amoureuse,
Et voudra de plus près connaître le cousin.

MATHIEU CROCHET.

Qu'on s'y frotte... on verra.

LISETTE.

O le petit lutin !
Qu'il va blesser de cœurs !

SCÈNE XVII

MERLIN, GÉRONTE, LÉONOR, LISETTE, LE BARON D'AUBIGNAC, SOTENCOUR, MATHIEU CROCHET, et TOUS LES MASQUES.

MERLIN.

Monsieur, je viens vous dire
Que mon concert est prêt.

SOTENCOUR.

Çà, ne songeons qu'à rire
Cousin, il faut ici remuer le gigot.

MATHIEU CROCHET.

Laissez-moi faire, allez, je ne suis pas un sot.
Je vais plus qu'on ne veut, quand on m'a mis en danse.
(A Merlin.)
Allons, ferme, monsieur, il est temps qu'on commence.
C'est à nous de danser et d'entamer le bal.
(Dans le mouvement qu'on fait pour commencer le bal, le baron, couvert d'une pareille mante que Léonor, prend sa place, et Sotencour danse avec lui. Léonor et Lisette sortent pendant leur danse.)

SOTENCOUR.

Qu'en dites-vous, beau-père ? Eh ! cela va-t-il mal ?

SCÈNE XVIII

GILLETTE, GÉRONTE, SOTENCOUR, MERLIN, LE BARON, et TOUS LES MASQUES.

GILLETTE.

Au secours ! au secours ! votre fille, on l'emporte,
Des carêmes-prenants lui font passer la porte.

GÉRONTE.

Que dis-tu là ?

GILLETTE.

Je dis que quatre hommes, là-bas,
La font aller, monsieur, plus vite que le pas.

GÉRONTE.

Quoi ! ma fille...

GILLETTE.

Oui, monsieur...

SOTENCOUR.

La plaisante nouvelle !
Tu rêves : tiens, voilà que je danse avec elle.

MERLIN.

Monsieur, laissez-la dire ; elle a perdu l'esprit.

GILLETTE.

Non, vous dis-je.

SOTENCOUR.

On te dit que dessous cet habit
C'est Léonor.

GILLETTE.

Et non, je n'ai pas la berlue,
Je viens de la quitter à l'instant dans la rue.

SOTENCOUR.

Au diable la pécore avec ses visions !
Il faut te détromper de tes opinions.
Tiens, voilà Léonor.

(Il ôte le masque à la prétendue Léonor, et on reconnaît le baron.)

LE BARON.

Serviteur.

SOTENCOUR.

C'est le diable.

LE BARON.

Prêt à vous emporter, mais pourtant fort traitable.
Vous mé dévez, cherchons quelque accommodemen!.
J'ai votré Léonor pour mon nantissement,
Et jé la fais conduire au château dé la Garde :
Dé l'argent, jé la rends ; point d'argent, jé la garde.

GÉRONTE.

On m'enlève ma fille ! au secours ! au voleur !

SCÈNE XIX.

VALÈRE, GÉRONTE, SOTENCOUR, MA-
THIEU CROCHET, MERLIN, LE BARON,
et TOUS LES MASQUES.

VALÈRE.

Monsieur, pour Léonor, n'ayez aucune peur;
Loin qu'on veuille lui faire aucune violence,
Contre un hymen injuste on a pris sa défense.

GÉRONTE.

Ah ! Valère, c'est vous.

SOTENCOUR.

    Quoi ! Valère... Comment !
Que veut dire ceci ?

VALÈRE.

   Que très-civilement
Je viens ici vous dire, en parlant à vous-même,
Que Léonor, pour vous, sent une haine extrême ;
Qu'elle mourrait plutôt que...

SOTENCOUR.

    Léonor me hait ?

VALÈRE.

Si vous ne m'en croyez, croyez-en ce billet.

SOTENCOUR lit.

« Pour éviter l'hymen dont mon amour murmure,
« Et pour ne jamais voir votre sotte figure,
« J'irais au bout du monde, et plus loin même encor.
« On ne peut vous haïr plus que fait Léonor. »
En termes clairs et nets cette lettre s'explique,
Et le tour n'en est point trop amphibologique.
Oh bien ! la belle peut revenir sur ses pas ;
Elle aurait beau courir, je ne la suivrais pas.
Je vous cède les droits que j'ai sur l'accordée,
Et ne me charge point de fille hasardée.

GÉRONTE.

Oh ! ma fille est à vous.

SOTENCOUR.

   Non, parbleu, par bonheur :
Je lui baise les mains et la rends de bon cœur.

GÉRONTE.

Vous me faites plaisir, monsieur, de me la rendre.

SOTENCOUR.

Oh! vous ne manquerez, sur ma foi, pas de gendre,
Ni vos petits-enfants de père. Allons, Mathieu,
Retournons à Falaise.

MATHIEU CROCHET.

Adieu, messieurs, adieu.

MERLIN.

Place à Mathieu Crochet.

SCÈNE XX

LÉONOR, GÉRONTE, VALÈRE, LISETTE, LE BARON, et TOUS LES MASQUES.

LÉONOR.

A vos genoux, mon père...

GÉRONTE.

Oublions le passé, ma fille; en cette affaire,
Je n'ai point prétendu forcer tes volontés.

LÉONOR.

Que ne vous dois-je point pour de telles bontés !

GÉRONTE.

Pour vous, dont je connais le bien et la famille,
Valère, je veux bien que vous ayez ma fille.

VALÈRE.

Monsieur...

GÉRONTE.

Nous vous devons assez en ce moment
De nous avoir défait de ce couple normand.

MERLIN.

L'honnête homme, morbleu! vive monsieur Géronte !
Ma foi, sans moi, la belle en avait pour son compte.
Puisque tout est d'accord maintenant entre vous,
Rions, chantons, dansons, et divertissons-nous.

(Tous les masques qui sont sur le théâtre font une espèce de bal; et,
après qu'on a dansé un passe-pied, le baron chante l'air gascon suivant.)

LE BARON.

Cadédis, vive la Garonne !
En valur on n'y craint personne;
Les faquins y sont des héros :
Jé vous lé dis en quatré mots,
En amour, comme au jeu, jé vrille,
Et, comme un dé, j'escamote une fille.

(On reprend la danse, après laquelle Merlin chante un passe-pied breton.)

MERLIN.

Un jour de printemps,
Tout le long d'un verger,
Colin va chantant,
Pour ses maux soulager :
Ma bergère, laisse-moi,
La la la, rela, rela!
Ma bergère, laisse-moi
Prendre un tendre baiser.

(Les masques se prennent par la main, et dansent en chantant :)

Ma bergère, laisse-moi,
La la la la, etc.

MERLIN.

La belle, à l'instant,
Répond à son berger :
Tu veux, en chantant,
Un baiser dérober ?

UNE BERGÈRE.

Non, Colin, ne le prends pas.
La la la la, rela, rela!
Non, Colin, ne le prends pas,
Je vais te le donner.

LE CHŒUR.

Non, Colin, ne le prends pas.
La la la la, rela, rela :
Non, Colin, ne le prends pas,
Je vais te le donner.

(Tous les masques ayant formé une danse en rond, se retirent, et Merlin
chante au parterre le couplet suivant :)

MERLIN.

Si mon air breton
A su vous divertir.
Messieurs d'un haut ton
Daignez nous applaudir :
Mais s'il ne vous plaisait pas
La la la la, rela, rela :
Mais s'il ne vous plaisait pas,
Dites-le-nous tout bas.

FIN

LA SÉRÉNADE

PERSONNAGES

M. GRIFON, père de Valère.
VALÈRE, amant de Léonor.
MADAME ARGANTE, mère de Léonor.
LÉONOR.
M. MATHIEU.

SCAPIN, valet de Valère.
MARINE, servante de Mme Argante.
CHAMPAGNE, valet de M. Mathieu
MUSICIENS.
DANSEURS.

(La scène est à Paris.)

SCÈNE I

M. MATHIEU, MARINE.

MARINE. — Je vous dis encore une fois que madame n'est pas au logis, et qu'il faut que vous reveniez, si vous voulez lui parler.

M. MATHIEU. — A la bonne heure, je reviendrai. Cependant, Marine, dis-lui que j'ai vendu un collier à la personne qui doit épouser mademoiselle sa fille.

MARINE. — Je voudrais, monsieur Mathieu, que vous fussiez étranglé par votre gorge, avec votre diantre de collier. C'est donc vous qui vous êtes mêlé de cette affaire? Ne devriez-vous pas songer que les mariages légitimes ne sont point de votre compétence? Un courtier d'usure, comme vous, ne doit s'intriguer que d'affaires de contrebande, et laisser les honnêtes filles en repos.

M. MATHIEU. — A Dieu ne plaise, ma pauvre Marine, qu'on voie jamais aucun vrai mariage de ma façon! Je ne fais point faire de marché à vie; c'est un métier trop périlleux. Une fille est une marchandise qu'on ne saurait garantir, et l'on n'en a pas plus tôt fait l'emplette qu'on voudrait en être défait à moitié de perte.

MARINE. — Oui, mais ceux qui font des mariages ne s'embarrassent guère du succès ; et quand ils ont reçu léur pot-de-vin, et que le poisson est dans la nasse, sauve qui peut. Vous connaissez du moins l'homme qu'on lui destine, puisque vous lui avez vendu un collier ?

M. MATHIEU. — Je vais le lui livrer, et en recevoir de l'argent.

MARINE. — Ce n'est pas là ce que je demande. Quel homme est-ce ?

M. MATHIEU. — C'est un fort honnête homme, fort riche, fort vieux et fort goutteux.

MARINE. — Que la peste te crève !

M. MATHIEU. — Sa figure n'est peut-être pas des plus ragoûtantes ; mais, comme vous savez, entre l'utile et l'agréable, il n'y a pas à balancer.

MARINE. — Oui, pour des ladres comme vous, qui ne connaissent d'autre bonheur que celui d'amasser du bien, et de faire travailler leur argent à gros et très-gros intérêt : mais pour une jeune personne comme Léonor, qui cherche à passer ses jours dans le plaisir, vous trouverez bon, s'il vous plaît, vous et madame sa mère, qu'elle préfère l'agréable à l'utile ; et que moi, de mon côté, je fasse tout mon possible pour rompre un mariage aussi biscornu que celui-là.

M. MATHIEU. — Hélas ! ma pauvre enfant, romps, casse, brise le mariage en mille pièces, je m'en soucie comme de cela. Je t'aiderai même, en cas de besoin pourvu que tu me fasses payer de mes peines un pe grassement.

MARINE. — Un peu grassement ! Eh ! mort de ma vie, n'êtes-vous pas déjà assez gras ! Allez, vous devriez mourir de honte d'avoir une face qui a pour le moins deux aunes de tour.

M. MATHIEU. — Marine est toujours railleuse. Mais je ne songe pas que mon homme m'attend : il veut donner tantôt une sérénade à sa maîtresse. Musiciens et filles de chambre ont volontiers commerce ensemble ; n'y en a-t-il point quelqu'un de tes amis à qui tu voulusses faire gagner cet argent-là ?

MARINE. — Qu'il aille au diable, avec sa sérénade ! Je vais songer à lui donner l'aubade, moi.

M. MATHIEU. — Ce mariage te met de mauvaise humeur. Je voudrais bien rester plus longtemps avec toi, je ne m'y ennuie jamais.

MARINE. — Et moi, je m'y ennuie toujours.

M. MATHIEU. — Adieu !

SCÈNE II

MARINE, seule.

Je prie le ciel qu'il te conduise, et que tu te puisses casser le cou. Il n'y aurait pas grand mal quand tous ces maquignons de mariages-là seraient au fond de la rivière avec une bonne pierre au cou. Que je plains le pauvre Valère ! il ne sait pas son malheur. J'ai une lettre à lui rendre de la part de sa maîtresse. Voici son valet à propos.

SCÈNE III

SCAPIN, MARINE.

SCAPIN. — Bonjour, ma charmante.

MARINE. — Bonjour, mon adorable.

SCAPIN. — Comment se porte ta maîtresse ?

MARINE. — Mal.

SCAPIN. — Il y a toujours quelque chose à refaire aux filles.

MARINE. — Et ton maître ?

SCAPIN. — Il se porterait assez bien, s'il avait un peu plus d'argent.

MARINE. — Je n'ai jamais connu un gentilhomme plus gueux que celui-là.

SCAPIN. — M. Grifon, son père, est bien riche, mais il est bien ladre.

MARINE. — Nous nous en apercevons.

SCAPIN. — Tel que tu me vois, je sers mon maître sans gages, et *incognito*.

MARINE. — Comment, *incognito?*

SCAPIN. — Oui : monsieur Grifon ne sait pas que son fils a l'honneur d'être à moi : il ne me connaît pas même. Je loge en ville, et je vis d'emprunt.

MARINE. — Tu fais souvent mauvaise chère.

SCAPIN. — Assez. Cela n'empêche pas que je ne nourrisse quelquefois mon maître quand il est mal avec son père.

MARINE. — Voilà un beau ménage !

SCAPIN. — Eh ! dis-moi un peu...

MARINE. — Je n'ai rien à te dire. Tiens, rends cette lettre-là à ton maître.

SCAPIN. — Comme tu fais, Marine ! Regarde-moi un peu.

MARINE. — Eh bien ! que me veux-tu ?

SCAPIN. — Vous plairait-il seulement, ô beauté léoparde ! me dire le contenu de cette lettre ?

MARINE. — Je n'ai pas le temps.

SCAPIN. — Tu me romps si souvent la tête de ton babil, quand je te prie de ne dire mot.

MARINE. — J'aime à faire le contraire de ce qu'on souhaite.

SCAPIN. — Le beau naturel ! Je te prie donc de te taire, Marine : c'est le moyen de te faire parler.

MARINE. — Je parlerai, s'il me plaît.

SCAPIN. — Et tant qu'il te plaira.

MARINE. — Et me tairai, si je veux.

SCAPIN. — Dis si tu peux, mon enfant ; cela est difficile.

MARINE. — Mais voyez cet animal, qui veut m'empêcher de parler !

SCAPIN. — Je n'ai garde.

MARINE. — Voilà encore un plaisant visage, pour fermer la bouche à une femme !

SCAPIN. — Fort bien.

MARINE. — Ni toi, ni ton père, ni ta mère, ni toute ta peste de génération, ne me ferait rabattre une syllabe.

SCAPIN. — Qu'elle est agréable !

MARINE. — Quand on parle bien, on ne parle jamais trop.

SCAPIN. — Tu ne devrais pas parler souvent.

MARINE. — Va, va, quand je serai morte, je me tairai assez.

SCAPIN. — Jamais tant que tu auras parlé.

MARINE. — Tu voudrais donc savoir le contenu de la lettre ?

SCAPIN. — Moi ? point du tout ; je ne veux rien savoir.

MARINE et SCAPIN ensemble.

MARINE. — Oh ! tu sauras pourtant, malgré que tu en aies, que ma maîtresse se marie aujourd'hui avec un homme qu'elle n'a jamais vu ; que sa mère a terminé l'affaire ; qu'elle prie Valère... Que la peste te crève ! Adieu.

SCAPIN. — Oh ! tu auras menti, et il ne sera pas dit que tu me feras entendre malgré moi. Je ne veux rien savoir ; laisse-moi en repos ; garde tes nouvelles pour un autre. Le diable puisse t'étrangler ! Adieu.

SCÈNE IV

SCAPIN, seul.

Par ma foi, c'est une charmante chose qu'une femme ! Quelle docilité d'esprit ! quelle complaisance ! Voilà une des plus raisonnables que je connaisse. Mais je m'amuse ici, et je dois aller promptement porter cette lettre à mon maître ; car il est diablement amoureux. Qui dit amoureux, dit impatient, et qui dit impatient, suppose un homme qui a plus tôt donné un coup de pied au cul que le bonjour. Mais le voilà.

SCÈNE V

VALÈRE, SCAPIN.

VALÈRE. — Eh bien ! Scapin, apprends-moi des nouvelles de Léonor. L'as-tu vue ? Que t'a dit Marine ?

SCAPIN. — Marine ? rien du tout. C'est une fille dont on ne saurait tirer une parole.

VALÈRE. — Marine ne t'a rien dit, elle qui parle tant ?

SCAPIN. — C'est justement ce qui fait qu'elle ne dit rien ; mais tout ce que j'ai pu comprendre de la volubilité de son discours, c'est qu'il faut renoncer à Léonor ; et le pis que j'y trouve, c'est que nous n'avons pas un sou pour nous en consoler.

VALÈRE. — Quoi ? que dis-tu ? parle, explique-toi. Renoncer à Léonor ?

SCAPIN. — Oui, monsieur.

VALÈRE. — Et Marine ne t'a point dit la cause de son refroidissement ?

SCAPIN. — Non, monsieur.

VALÈRE. — Quoi ! tu n'as pu pénétrer ?...

SCAPIN. — Oh ! monsieur, Marine est une fille impénétrable.

VALÈRE. — Que je suis malheureux !

SCAPIN. — Elle m'a seulement donné une petite lettre qui vous expliquera peut-être mieux la chose.

VALÈRE. — Eh ! donne donc, maraud, donne donc.

(Il lit.)

« Si vous m'aimez autant que je vous aime, nous
« sommes les plus malheureuses personnes du monde.
« Ma mère prétend me marier à un homme que je ne
« connais point. Détournez le malheur qui nous me-
« nace ; et soyez certain que je choisirai plutôt la mort
« que d'être jamais à d'autre qu'à vous. »

Scapin !

SCAPIN. — Monsieur ?

VALÈRE. — Que dis-tu de cette lettre-là ?

SCAPIN. — Je dis, monsieur, que ce n'est pas là une lettre de change.

VALÈRE. — Et je me laisserai enlever Léonor ! Non, non, Scapin ; à quelque prix que ce soit, il faut empêcher...

SCAPIN. — Monsieur, le ciel m'a donné des talents merveilleux pour faire des mariages ; et je puis dire, sans vanité, qu'il n'y a guère de jour qu'il ne m'en passe quelqu'un par les mains. J'en ai même ébauché plus de mille en ma vie qui n'ont jamais été achevés ; mais j'aime trop la propagation de l'espèce, pour avoir le courage d'en rompre aucun.

VALÈRE. — Que tu fais mal à propos le mauvais plaisant. Il faut...

SCÈNE VI

M. GRIFON, M. MATHIEU, VALÈRE, SCAPIN.

SCAPIN, bas. — Paix ! voici votre père. Le vilain usurier qui nous vendit si cher l'argent l'année passée est avec lui.

VALÈRE, bas. — Vient-il lui demander ce que je lui dois ?

SCAPIN, bas. — Il serait mal adressé. Écoutons.

(Valère et Scapin se retirent au fond du théâtre.)

M. GRIFON, à M. Mathieu. — Je vous donnai, il y a huit jours, un sac de mille francs à faire valoir, dont j'ai votre billet, monsieur Mathieu.

M. MATHIEU. — Cela est vrai, monsieur Grifon.

SCAPIN, bas à Valère. — Le bonhomme négocie avec les usuriers aussi bien que nous ; mais ce n'est pas de la même manière.

M. GRIFON. — Nous sommes convenus à trois mille huit cents livres ; ce sont encore deux cents louis qu'il faut vous donner pour le collier, monsieur Mathieu.

M. MATHIEU. — Oui, monsieur Grifon.

SCAPIN, bas à Valère. — Cela nous accommoderait bien.

VALÈRE, bas. — Paix ! tais-toi.

M. GRIFON. — Passez tantôt chez moi, ou envoyez-y

quelqu'un de votre part, avec un billet de votre main ; cela suffira : c'est de l'argent comptant, monsieur Mathieu.

M. MATHIEU. — Je n'en suis point en peine, et je vous laisse le collier, monsieur Grifon.

SCAPIN, à part. — Un collier de trois mille huit cents livres ! Le friand morceau !

(M. Mathieu sort.)

SCÈNE VII

M. GRIFON, VALÈRE, SCAPIN.

M. GRIFON. — Ah ! vous voilà, mon fils. Que faites-vous là ? Y a-t-il longtemps que vous y êtes ?

VALÈRE. — Je ne fais que d'arriver.

M. MATHIEU, montrant Scapin. — Qui est cet homme-là ?

VALÈRE. — C'est, mon père...

M. GRIFON. — Quoi ! c'est...

VALÈRE. — Un musicien de l'Opéra.

M. GRIFON. — Mauvaise connaissance qu'un musicien de l'Opéra ! Ils mènent les gens au cabaret, et il faut toujours payer pour eux.

SCAPIN, bas à Valère. — De quoi diantre vous avisez-vous de me faire musicien ? J'aimerais mieux être toute autre chose.

VALÈRE, bas à Scapin. — Tais-toi.

M. GRIFON. — Oh çà ! mon fils, j'ai une nouvelle à vous apprendre ; la présence du musicien ne gâtera rien, et peut-être pourra-t-il nous être utile.

SCAPIN, bas à Valère. — Votre imagination m'a fait musicien par hasard ; vous verrez qu'il faudra que je le devienne par nécessité.

M. GRIFON. — Je vais me marier.

VALÈRE. — Vous marier ! vous, mon père !

M. GRIFON. — Moi-même, en propre personne.

SCAPIN, à part. — Je ne m'attendais pas à celui-là.

M. GRIFON. — Que dit M. le musicien ?

SCAPIN. — Je ne puis que vous louer, monsieur, de

former une entreprise si hardie. Vous avez eu le bonheur d'enterrer une première femme, vous hasardez d'en prendre une seconde; le péril ne vous rebute point : cela est fier, cela est grand, cela est héroïque; et, pour ma part, je n'ai garde de manquer d'applaudir à une résolution aussi généreuse que la vôtre.

M. GRIFON. — Voilà un joli garçon.

VALÈRE. — Ce que j'en dit, mon père, n'est que par l'intérêt que je prends à votre santé.

M. GRIFON — Ne t'en mets point en peine; ce sont mes affaires.

SCAPIN, à Valère. — Oui, monsieur, que monsieur votre père vous donne seulement une belle-mère bien faite, belle, jeune, et laissez-le faire; vous serez ravi qu'il se soit remarié, sur ma parole.

M. GRIFON. — Oh! je suis sûr qu'il en sera content. C'est une fille à qui il ne manque rien. Ce que je voudrais de vous maintenant, monsieur de l'Opéra, ce serait que vous m'aidassiez à donner une petite sérénade à ma maîtresse.

SCAPIN. — Une sérénade, dites-vous? Vous ne pouvez mieux vous adresser qu'à moi. Musique italienne, française; je suis un homme à deux mains.

M. GRIFON. — Tout de bon?

SCAPIN. — Demandez à monsieur votre fils. Je suis le premier homme du monde pour les sérénades : il m'en doit encore deux ou trois.

VALÈRE. — Oui, mon père.

SCAPIN. — Ce n'est pas pour me vanter, mais en cas de chanteurs, symphonistes, violistes, téorbistes, clavecinistes, opéra, opérateurs, opératrices, madelonistes, catinistes, margotistes, si difficiles qu'elles soient, j'ai tout cela dans ma manche.

M. GRIFON. — Je voudrais une sérénade à bon marché.

SCAPIN. — Je ménagerai votre bourse; ne vous mettez pas en peine. Il ne nous faudra que trente-six violons, vingt hautbois, douze basses, six trompettes, vingt-quatre tambours, cinq orgues et un flageolet.

M. GRIFON. — Et fi donc! voilà pour donner une sérénade à tout un royaume.

SCAPIN. — Pour les voix, nous prendrons seulement douze basses, huit concordants, six basses-tailles, autant de quintes, quatre hautes-contre, huit faussets, et douze dessus, moitié entiers et moitié hongres.

M. GRIFON. — Vous nommez là de quoi faire un régiment de musique.

SCAPIN. — Il ne faut pas moins de voix pour accompagner tous les instruments. Laissez-nous faire. Je veux qu'il y ait dans cette musique là une espèce de petit charivari qui conviendra merveilleusement bien au sujet. Nous allons, monsieur votre fils et moi, donner maintenant les ordres pour...

M. GRIFON. — Attendez. On doit m'amener ma maîtresse; je suis bien aise que vous la voyiez, et que vous m'en disiez votre sentiment l'un et l'autre.

SCAPIN. — Prenez-la belle et jeune, au moins, surtout d'humeur complaisante; tous vos amis vous conseilleront la même chose.

VALÈRE, bas à Scapin. — Allons-nous-en; je me meurs d'inquiétude.

SCÈNE VIII

M. GRIFON, VALÈRE, SCAPIN, MADAME ARGANTE, LÉONOR, MARINE.

M. GRIFON. — Ne vous avais-je pas bien dit qu'on devait l'amener? Voilà la mère et la fille de chambre.

VALÈRE, bas à Scapin. — Que vois-je, Scapin? C'est Léonor.

SCAPIN, à part. — Autre incident.

MADAME ARGANTE. — Allons, ma fille, approchez, et saluez le mari que je vous ai destiné.

(Elle entend parler de M. Grifon.)

LÉONOR, croyant que c'est Valère. — Quoi! madame, voilà la personne!...

MADAME ARGANTE. — Qu'avez-vous donc, mademoiselle? est-ce que monsieur ne vous plaît pas?

LÉONOR. — Je ne dis pas cela, madame, et je n'aurai jamais d'autres volontés que les vôtres.

VALÈRE, bas à Scapin. — Scapin, elle obéit à sa mère, je suis perdu.

MARINE, à part. — Il y a de l'erreur de calcul.

MADAME ARGANTE. — Je suis ravie, ma fille, de vous voir des sentiments raisonnables, et j'ai toujours bien jugé que vous ne voudriez pas me désobéir.

LÉONOR. — Vous désobéir! moi? j'aimerais mieux mourir que de faire quelque chose qui vous déplût.

M. GRIFON, à Scapin. — Voilà une fille bien née, n'est-il pas vrai?

SCAPIN, à part. — Il y a ici du *quiproquo*, sur ma parole.

LÉONOR. — Tout ce que j'ai à me reprocher, madame, c'est que mon obéissance ait si peu de mérite en cette occasion; et les choses sont dans un état à me permettre d'avouer, sans honte, que votre choix et mon inclination ont un parfait rapport ensemble.

M. GRIFON, à part. Comme elle m'aime déjà! Cela n'est pas croyable.

LÉONOR. — Mais j'ai lieu de vous plaindre. Est-ce à moi de parler comme je fais, quand vous êtes si peu sensible, Valère, aux bontés que ma mère a pour nous?

MADAME ARGANTE. — Comment donc, Valère? A qui en avez-vous?

M. GRIFON. — Qu'est-ce que cela signifie?

SCAPIN, à part. — Nous approchons du dénoûment.

MADAME ARGANTE. — Que voulez-vous dire avec votre Valère?

LÉONOR. — Ne m'avez-vous pas dit, madame, que vous aviez conclu mon mariage?

MADAME ARGANTE. — Qu'a de commun Valère avec votre mariage? C'est à monsieur Grifon, que voilà, que je vous marie.

M. GRIFON, à Léonor. — Oui, mignonne, c'est moi qui aurai l'honneur de...

LÉONOR. — Vous, monsieur ?

MADAME ARGANTE. — Je voudrais bien, pour voir, que vous ne le trouvassiez pas bon !

M. GRIFON. — Monsieur mon fils, par quelle aventure est-il mention de vous dans tout ceci ?

VALÈRE. — Par une aventure fort naturelle, mon père.

M. GRIFON. — Comment une aventure fort naturelle ?

MARINE. — Oui, monsieur ; mademoiselle est fille, monsieur est garçon ; elle est aimable, il est joli homme ; ils ont fait connaissance, ils s'aiment, ils sont dans le goût de s'épouser : y a-t-il rien là que de fort naturel ?

SCAPIN. — Il n'est point question de la nature là-dedans ; c'est la raison et l'intérêt qui font aujourd'hui les mariages. Monsieur est le père, madame est la mère ; la raison est de leur côté, la nature est une sotte, et vous aussi, ma mie.

MADAME ARGANTE. — Il a raison.

LÉONOR. — Quoi! à l'âge que j'ai, ma mère, vous voudriez me faire épouser un homme comme monsieur? Vous n'y songez pas.

VALÈRE. — Quoi! à l'âge que vous avez, mon père, vous voudriez vous marier à une fille comme mademoiselle? Je crois que vous rêvez.

LÉONOR. — En vérité, ma mère, vous êtes trop raisonnable pour exiger de moi une chose aussi éloignée de bon sens.

VALÈRE. — Sérieusement parlant, mon père, vous n'êtes point d'âge encore à radoter.

MADAME ARGANTE. — Ouais ! Et où sommes-nous donc? Allons, petite ridicule, qu'on donne tout à l'heure la main à monsieur.

VALÈRE. — Non pas, madame, s'il vous plaît.

M. GRIFON. — Qu'est-ce à dire?

VALÈRE. — Avec votre permission, mon père, cela ne sera pas, je vous assure.

M. GRIFON. — Cela ne sera pas! Que dites-vous à cela, monsieur le musicien?

SCAPIN. — Vous avez là un grand garçon bien mal morigéné, monsieur.

M. GRIFON. — Pendard!

VALÈRE. — Que dirait-on dans le monde, si, en ma présence, je vous laissais faire une action aussi extravagante que celle-là?

M. GRIFON. — Quoi donc extravagante? Comment donc? A ton père, malheureux?

MARINE. — A votre père!

SCAPIN. — A votre propre père!

VALÈRE. — Quand il serait mon père cent fois plus qu'il ne l'est encore, je ne souffrirai point que l'amour lui fasse tourner la cervelle jusqu'à ce point-là.

M. GRIFON. — Mais quelle comédie jouons-nous donc ici? Je vous demande pardon pour mon fils, madame.

MADAME ARGANTE. — Cela n'est rien; j'ai bien des excuses à vous faire pour ma fille, monsieur.

MARINE. — Voilà des enfants bien obstinés. Mais aussi pourquoi vous exposer à vous marier, sans savoir si monsieur votre fils le voudra bien?

M. GRIFON. — S'il le voudra bien?

SCAPIN. — Monsieur, avec trois ou quatre cents pistoles ne pourrions-nous point le mettre à la raison?

M. GRIFON. — Je l'y mettrai bien sans cela.

MADAME ARGANTE. — Et moi, je vous réponds de cette petite impertinente-là; elle vous épousera, ou je la mettrai dans un lieu d'où elle ne sortira de longtemps.

LÉONOR. — J'y demeurerai plutôt toute ma vie que d'épouser un homme que je n'aime point.

SCÈNE IX

MADAME ARGANTE, M. GRIFON, VALÈRE, SCAPIN.

M. GRIFON. — Elle s'en va, madame.

MADAME ARGANTE. — Ne vous mettez pas en peine ; je saurai la réduire : elle sera votre femme aujourd'hui, ou vous mourrez de mort subite.

SCÈNE X

M. GRIFON, VALÈRE, SCAPIN.

M. GRIFON. — De mort subite ! Voilà à quoi vous m'exposez, monsieur le coquin. Laisse-moi faire, je veux l'épouser à ta barbe ; je m'en vais dépenser tout mon bien pour m'en faire aimer ; je lui donnerai des présents, des bijoux, des maisons, des contrats, des cadeaux, des festins, des sérénades ; des sérénades, monsieur le musicien ; et je lui ferai des enfants pour te faire enrager.

SCAPIN, à part. — Oh ! pour celui-là, on vous en défie.

SCÈNE XI

VALÈRE, SCAPIN.

VALÈRE. — Non, Scapin, il n'y a point d'extrémité où je ne me porte pour empêcher ce mariage-là.

SCAPIN. — Doucement, monsieur ; nous abaisserons ces fumées d'amour. Il ne la tient pas encore. J'ai pris le soin d'une sérénade ; il vient de négocier un certain collier : laissez-moi faire. Mais le diable est que nous n'avons point d'argent.

VALÈRE. — Ah ! mon pauvre Scapin, cherche, imagine, invente des moyens pour en trouver ; engage tout, vends tout, donne tout.

SCAPIN. — Eh ! que diable engager ? que vendre ? Pour tout meuble et immeuble, vous n'avez que votre habit et le mien ; encore le tailleur n'est-il pas payé.

VALÈRE. — Quoi ! tu ne peux trouver ?...

SCAPIN. — Depuis que je travaille pour vous, les ressorts de mon esprit emprunteur sont diablement usés...

VALÈRE. — Mais quoi!

SCAPIN. — Laissez-moi un peu rêver tout seul. J'ai ma sérénade en tête ; si je pouvais avoir seulement de quoi payer les musiciens dont je me veux servir...

VALÈRE. — A quoi bon?

SCAPIN. — J'ai besoin de me recueillir, vous dis-je ; laissez-moi en repos, et allez fortifier Léonor dans le dessein de ne point épouser votre père.

VALÈRE, à part. — Il faut vouloir tout ce qu'il veut, j'ai besoin de lui.

SCÈNE XII

SCAPIN, seul.

Ce n'est pas une petite affaire, pour un valet d'honneur, d'avoir à soutenir les intérêts d'un maître qui n'a point d'argent. On s'accoquine à servir ces gredins-là, je ne sais pourquoi ; ils ne payent point de gages, ils querellent, ils rossent quelquefois ; on a plus d'esprit qu'eux, on les fait vivre, il faut avoir la peine d'inventer mille fourberies, dont ils ne sont tout au plus que de moitié ; et avec tout cela nous sommes les valets, et ils sont les maîtres. Cela n'est pas juste. Je prétends, à l'avenir, travailler pour mon compte ; ceci fini, je veux devenir maître à mon tour.

SCÈNE XIII

CHAMPAGNE, SCAPIN.

SCAPIN. — Mais, que vois-je?

CHAMPAGNE. — Eh !c'est toi, mon pauvre Scapin !

SCAPIN. — Le beau Champagne en ce pays-ci!

CHAMPAGNE. — Il y a six mois que je suis revenu, mais je ne me montre que depuis quinze jours.

SCAPIN. — Pourquoi donc?

CHAMPAGNE. — Par une espèce de scrupule. Une lettre de cachet du Châtelet m'avait défendu de paraître à la ville, elle me prescrivait un temps pour voyager ; mes voyages sont finis, je reparais sur nouveaux frais.

SCAPIN. — Et que fais-tu à présent? Je t'ai vu autrefois le plus adroit grison, et, soit dit entre nous, le plus hardi coquin qu'il y eût en France.

CHAMPAGNE. — J'ai quitté tout cela, mon ami. La justice aujourd'hui a l'esprit si mal tourné; il n'y a plus rien à faire dans le commerce; elle prend toujours les choses du mauvais côté. J'ai renoncé aux vanités du monde, et je me suis jeté dans la réforme.

SCAPIN. — Toi, dans la réforme?

CHAMPAGNE. — Oui, mon enfant. Il faut faire une fin. Je me suis retiré, je prête sur gages.

SCAPIN. — La retraite est méritoire.

CHAMPAGNE. — Ma foi, il n'y a plus que ce métier-là pour faire quelque chose; il n'y a rien de tel, quand on a de l'argent, que d'en aider des particuliers dans leurs nécessités pressantes.

SCAPIN. — Voilà un motif fort charitable!

CHAMPAGNE. — Je me suis associé d'un fort honnête homme, qui est, je pense, lui, associé d'un autre fort honnête homme chez qui il m'envoie prendre deux mille huit cents livres.

SCAPIN, à part. — Deux mille huit cents livres! Serions-nous assez heureux!... Cela serait admirable. (Haut). Tu es associé avec M. Mathieu?

CHAMPAGNE. — Avec M. Mathieu; mais je suis un peu subalterne, à la vérité. Nous demeurons ensemble; il me loge fort haut, me meuble modestement, m'habille chaudement pour l'été, fraîchement pour l'hiver, me nourrit sobrement, ne me donne point de gages; mais ce que je prends c'est pour moi.

SCAPIN. — Voilà une bonne condition! Et, dis-moi, es-tu toujours aussi ivrogne qu'avant ta lettre de cachet?

CHAMPAGNE. — Je bois beaucoup de vin, mais je ne l'aime pas.

SCAPIN. — Tu vas donc recevoir deux mille huit cents livres?

CHAMPAGNE. — Deux mille huit cents livres?

SCAPIN. — Chez M. Grifon?

CHAMPAGNE. — C'est le nom de notre associé. Qui te l'a dit?

SCAPIN. — Pour le surplus d'un collier que M. Mathieu lui a vendu?

CHAMPAGNE. — Je l'ai ouï dire ainsi.

SCAPIN. — Et tu as un billet de monsieur Mathieu, pour marque que tu ne viens pas à faux?

CHAMPAGNE. — Cela est comme tu le dis. Voilà le billet. Eh! d'où diantre sais-tu tout cela?

SCAPIN. — Je suis l'associé du fils de Grifon, moi.

CHAMPAGNE. — Quoi! tu te mêles aussi?...

SCAPIN. — Nous ne sommes associés que pour emprunter, nous autres. Le connais-tu, monsieur Grifon?

CHAMPAGNE. — Non.

SCAPIN. — Te connaît-il?

CHAMPAGNE. — Je ne crois pas.

SCAPIN, à part. — Tant mieux. (Haut.) M!. Grifon n'est pas au logis; et, en attendant qu'il vienne, nous pouvons aller renouveler connaissance au cabaret.

CHAMPAGNÉ. — De tout mon cœur : je ne refuse point des parties d'honneur.

SCAPIN. — Morbleu! j'enrage. Voilà un homme à qui j'ai affaire, mais ce ne sera que pour un moment. Va-t'en m'attendre ici près, aux Barreaux verts, et faire tirer bouteille.

SCÈNE XIV

SCAPIN, seul.

Voilà un fripon que je friponnerai, sur ma parole, si je puis seulement attraper le billet.

SCÈNE XV

M. GRIFON, MARINE, SCAPIN.

MARINE, à M. Grifon. — Je vous dis, monsieur, que

vous aurez plus de peine que vous ne pensez à réduire cet esprit-là.

SCAPIN. — Ah! monsieur, je vous cherchais pour vous dire que dans peu votre sérénade sera en état.

M. GRIFON. — Bon. Voilà ma maison, et voilà celle de ma maîtresse.

SCAPIN, à part. — Tant mieux ; cela est fort commode pour mon dessein.

SCÈNE XVI

M. GRIFON, MARINE

M. GRIFON. — Tu dis donc, Marine, que u viens de la part de Léonor?

MARINE. — Oui, monsieur, pour vous faire des excuses de ce qui s'est passé à votre entrevue.

M. GRIFON. — Elle revient à elle, j'en suis bien aise.

MARINE. — Elle est au désespoir de n'avoir pu se contraindre devant madame sa mère : mais elle dit qu'elle vous hait trop pour se faire la moindre violence.

M. GRIFON. — Voilà un fort sot compliment. Je n'ai que faire de ces excuses-là.

MARINE. — Elle sait trop bien vivre pour manquer à la civilité. Elle m'a aussi chargée de vous prier de ne point presser madame sa mère sur votre mariage, et de lui donner du temps pour s'accoutumer à une figure aussi extraordinaire que la vôtre.

M. GRIFON. — Vous êtes une impertinente, ma mie; et je ne sais...

MARINE. — Je vous demande pardon, monsieur; je vous respecte trop pour vous rien dire de mon chef qui vous déplaise. Ce sont les sentiments de ma maîtresse que je vous explique le plus clairement et le plus succinctement qu'il m'est possible.

M. GRIFON. — Je ne veux point savoir ses sentiments, tant qu'elle en aura d'aussi ridicules.

MARINE. — Il ne tiendra pas à moi qu'elle ne change; et, quelque aversion qu'elle ait pour vous, elle ne laissera pas de vous épouser si elle m'en veut croire.

Vous n'avez que votre âge, votre air et votre visage contre vous : dans le fond, je gagerais que vous avez les meilleures manières du monde.

M. GRIFON, à part. — Voilà une insolente qui, à mon nez, me vient chanter pouille.

MARINE. — C'est votre physionomie lugubre qui l'a d'abord effarouchée : elle en reviendra peut-être, et vous aimera à la folie; que sait-on? Vous ne seriez pas le premier magot qui aurait épousé une jolie fille.

M. GRIFON, à part. — Malgré tout ce qu'elle me dit, je ne veux point me fâcher; elle peut me rendre service. (Haut.) Tu me parais d'agréable humeur.

MARINE. — Je suis assez franche, comme vous voyez.

M. GRIFON. — C'est ce qui me semble. Je veux être de tes amis; et, si le mariage se fait, ne te mets pas en peine. Dis-moi un peu, en confidence, quelle sorte de caractère est-ce que Léonor, et que faudrait-il que je fisse pour lui plaire?

MARINE. — Vous n'avez qu'à mourir, monsieur; c'est le plus grand plaisir que vous lui puissiez faire.

M. GRIFON. — Ce n'est pas là ce que je te demande. De quelle humeur est-elle?

MARINE. — Ah! de l'humeur du monde la plus douce. Je ne lui connais qu'un petit défaut.

M. GRIFON. — Quel est-il?

MARINE. — C'est, monsieur, que, quand elle s'est mis quelque chose en tête, et qu'on s'avise de la contredire, elle crie, elle peste, elle jure, elle bat, elle mord, elle égratigne, elle estropie même en cas de besoin; mais, dans le fond, c'est une bonne enfant.

M. GRIFON. — Voilà une humeur bien douce vraiment! Et avec cela n'a-t-elle point quelque passion dominante?

MARINE. — Non, monsieur, rien ne la domine. Elle a du goût pour toutes les belles manières; elle vend, pour jouer, tout ce qu'elle a; elle met ses nippes en gage pour aller à l'opéra et à la comédie; elle court le bal sept fois la semaine seulement; elle fesse son vin de Champagne à merveille, et sur la fin du repas elle devient fort tendre.

M. GRIFON. — Tu crois donc qu'elle pourra m'aimer ?

MARINE. — Oui, monsieur, sur la fin d'un repas ; et je vais lui faire entendre que, pour un mari, vous valez cent fois mieux qu'un autre.

M. GRIFON. — Cela est vrai, au moins.

MARINE. — Assurément. Dans ce siècle-ci, quand un mari laisse faire à sa femme tout ce qu'elle veut, c'est un homme adorable ; on ne peut pas lui demander autre chose.

M. GRIFON. — Ah ! mon enfant, tu peux l'assurer de ma part que, si jamais elle est ma femme, je ne la contraindrai jamais en la moindre bagatelle.

MARINE. — Commencez donc par ne point trop presser les affaires. Je vais lui proposer vos conventions ; et, comme il n'y a rien dans ces articles-là qui répugne à la coutume, je ne doute point qu'elle ne les accepte.

SCÈNE XVII

M. GRIFON, seul.

Cette fille-là a quelque chose de bon dans ses manières.

SCÈNE XVIII

M. GRIFON, SCAPIN, déguisé, ayant un emplâtre sur l'œil.

M. GRIFON. — Ah ! ah ! voilà une plaisante figure d'homme !

SCAPIN. — Ne pourriez-vous point, monsieur, me faire le plaisir et l'honneur de m'enseigner le logis de M. Grifon ?

M. GRIFON. — Que lui voulez-vous à M. Grifon ?

SCAPIN. — Avoir l'avantage de lui rendre un petit billet que M. Mathieu m'a fait l'honneur de me donner, afin que ledit sieur Grifon me fasse la grâce de me compter deux mille huit cents livres, restant à payer pour un collier que ledit sieur Grifon a acheté dudit sieur Mathieu.

M. GRIFON. — C'est moi qui suis M. Grifon. Et où est le billet ?

SCAPIN. — Le voilà, monsieur; je ne viens qu'à bonnes enseignes. Vous aurez, s'il vous plaît, la bonté de m'expédier.

M. GRIFON. — Oui, voilà l'écriture de M. Mathieu : mais je ne vous connais pas pour être à lui.

SCAPIN. — C'est une gloire que je ne mérite pas, monsieur; je suis seulement son compère, Isaac-Jérôme-Boisme Rousselet, maître marchand fripier ordinaire privilégié suivant la cour : si l'on peut vous y rendre quelque service, vous n'avez qu'à disposer. de votre petit serviteur.

M. GRIFON. — Je vous suis obligé.

SCAPIN. — J'ai des amis en ce pays-là : mon frère est apprenti partisan chez le commis du secrétaire de l'intendant d'un homme d'affaires, et mon oncle est le sous-portier de l'hôtel des Fermes.

M. GRIFON. —Ces amis-là sont quelquefois plus utiles que d'autres.

SCAPIN. — Il est vrai, monsieur. J'ai autrefois, par leur moyen, tiré mon parrain des galères, et je sauvai l'année passée une amende honorable à M. Mathieu; c'est ce qui fait qu'il a beaucoup de confiance en moi.

M. GRIFON, à part. — Voilà un garçon bien ingénu; c'est dommage qu'il lui manque un œil.

SCAPIN. — J'abuse de votre loisir, monsieur, mais ce n'est pas ma faute; avec deux mille huit cents livres, vous serez débarrassé de mes importunités, et je prendrai congé de vous quand il vous plaira.

M. GRIFON, à part. — Quel original! (Haut.) Oui, oui, je vais vous apporter de l'argent, vous n'avez qu'à attendre

SCÈNE XIX

SCAPIN, seul.

Par ma foi, voilà qui ne va pas mal.

SCÈNE XX

SCAPIN, VALÈRE, LÉONOR, MARINE.

SCAPIN. — Mais voici mon maître avec sa maîtresse : Il ne me reconnaîtra pas.

LÉONOR. — Comptez, Valère, que rien ne peut me faire changer.

VALÈRE. — Ah ! charmante Léonor, que vous de- me paraître adorable avec de pareils sentiments !

SCAPIN. — Monsieur, je vous donne le bonjour. Y a-t-il longtemps que vous êtes en cette ville ? Vos affaires vont-elles bien ? Comment gouvernez-vous la joie avec cette aimable enfant ?

VALÈRE. — Que me veut cet ivrogne-là ? Qui êtes-vous, mon ami ?

SCAPIN. — Je suis un honnête garçon qui connaît vos besoins, et qui vient vous offrir deux cents pistoles que me va donner M. votre père.

(Il ôte son emplâtre.)

VALÈRE. — C'est toi, Scapin ? Qui t'aurait reconnu ?

SCAPIN. — Vous voyez, monsieur, ce qu'on fait pour vous.

MARINE. — Par ma foi, voilà un méchant borgne.

VALÈRE. — Et tu as trouvé le moyen de tirer deux cents pistoles de mon père ?

SCAPIN. — Il va me les livrer. J'ai encore un collier à escamoter; mais j'aurais besoin tout à l'heure de quelques gens de main.

VALÈRE. — Tout à l'heure ? Et où veux-tu que je les cherche à présent.

MARINE. — Monsieur, je suis à votre service. Pour la main, je l'ai aussi bonne que la langue.

SCAPIN. — Toi ? mais serais-tu fille à travailler de nuit ?

MARINE. — Pourquoi non ? c'est dans ce temps-là que je triomphe. J'ai deux ou trois filles de mes amies qui ne m'abandonneront pas dans le besoin.

SCAPIN. — Bon, bon ; il ne me faut pas de plus vail-

lants champions pour mon dessein. Mais j'entends
monsieur Grifon. Allez m'attendre au prochain détour;
je vous dirai dans un moment ce qu'il faudra faire.

SCÈNE XXI

M. GRIFON; SCAPIN, qui voyant arriver M. Grifon, remet
son emplâtre sur l'autre œil.

M. GRIFON. — Il y a deux cents louis neufs dans
cette bourse : voyons si je ne me suis point trompé.

SCAPIN, prenant la bourse. — Vous êtes trop exact, et
vous savez trop bien compter.

M. GRIFON. — Il n'importe, monsieur; pour plus
grande sûreté...

SCAPIN. — Je ne regarderai point après vous, monsieur; le compère Mathieu me l'a défendu.

M. GRIFON. — Vous êtes le maître. Serviteur.

SCAPIN, à part. — Voilà de quoi payer la sérénade.

SCÈNE XXII

M. GRIFON, seul.

M. Mathieu ne laisse point moisir l'argent en
tre les mains de ceux qui lui doivent. Je lui
devais, me voilà quitte. Je ne sais ce que cela signifie mais je n'ai pas bonne opinion de mon mariage.
Moi qui n'ai jamais rien aimé, je m'avise de devenir
amoureux à mon âge. O amour, amour! La nuit
devient obscure, et le musicien devrait être ici.

SCÈNE XXIII

M. GRIFON; CHAMPAGNE, ivre.

CHAMPAGNE chante. — Lera, lera, lera.

M. GRIFON. — J'entends quelqu'un qui chante :
serait-ce lui?

CHAMPAGNE. — Par la sambleu! je suis bien nourri.
Ce monsieur Scapin fait bien les choses, oui.

M. GRIFON. — Qui va là? Est-ce vous, monsieur le
musicien?

CHAMPAGNE. — Oui, à peu près ; c'est un ivrogne.

M. GRIFON. — Passez votre chemin, mon ami.

CHAMPAGNE. — Que je passe mon chemin ?

M. GRIFON. — Oui.

CHAMPAGNE. — Oui, qui le pourrait,

M. GRIFON. — Quel maraud est-ce ci ?

CHAMPAGNE. — Maraud ! Voilà quelqu'un qui me connaît. Je suis plus pesant que de coutume, et je ne sais si mes jambes pourront porter au logis tout le vin que j'ai bu.

M. GRIFON, à part. — Ne serait-ce point quelque émissaire de mon coquin de fils, qui viendrait ici pour troubler la fête ? Je veux m'en éclaircir.

CHAMPAGNE. — Holà ! l'ami, qui parlez tout seul, suis-je loin de chez moi, par parenthèse !

M. GRIFON. — Où loges-tu ?

CHAMPAGNE. — Hé ! palsembleu, si je le savais, je ne le demanderais pas.

M. GRIFON. — Que cherches-tu dans ce quartier ?

CHAMPAGNE. — Je ne sais, je ne m'en souviens pas. Je suis pourtant venu pour quelque chose. Ah !... M. Grifon, le connaissez-vous !

M. GRIFON, à part. — Je ne me trompais pas, c'est un fripon.

CHAMPAGNE. — Justement, un fripon, un vilain, un fesse-mathieu.

M. GRIFON. — A qui penses-tu parler ? C'est moi qui suis M. Grifon.

CHAMPAGNE. — Le diable emporte si je l'aurais deviné. Or donc, pour revenir à nos moutons, M. Mathieu, cet autre vilain, ce ladre...

M. GRIFON. — Ce pendard-là me fera perdre patience.

CHAMPAGNE. — Patience, oui, c'est bien dit, allons doucement. Ce M. Mathieu donc, comme de vilain à vilain il n'y a que la main, il est arrivé que, par la concomitance d'un collier... enfin je ne me souviens pas bien de tout cela.

M. GRIFON. — Tu as oublié la leçon qu'on t'a faite.

Combien te donne-t-on pour jouer le personnage que tu fais ?

CHAMPAGNE. — Comme M. Mathieu est un vilain, je ne gagne pas grand'chose ; mais je suis sobre.

M. GRIFON. — Il y paraît.

CHAMPAGNE. — Venons à l'explication. Vous êtes M. Grifon, je suis M. Champagne : donnez-moi de l'argent au plus vite, car j'ai hâte.

M. GRIFON. — Que je te donne de l'argent ?

CHAMPAGNE. — Oui, parbleu, de l'argent ; je ne perds point le jugement, j'ai beau boire. Il me faut huit cents deux mille et quelques livres : j'ai le billet de M. Mathieu ; vous allez voir, car je n'y vois goutte.

M. GRIFON, à part. — Voilà justement l'enclouure. (Haut.) Tu viens un peu trop tard pour m'attraper, mon pauvre ami : si tu as le billet de M. Mathieu, je t'en donnerai.

CHAMPAGNE. — Cela est fort judicieux et fort raisonnable ; j'aime les gens d'esprit. Je ne le trouve point ce diable de billet.

M. GRIFON. — Cherche bien.

CHAMPAGNE — Je ne trouve rien, la peste m'étouffe. Je l'avais pourtant avant que d'aller au cabaret.

M. CRIFON. — Trouve-le donc.

CHAMPAGNE. — Oh ! vous en demandez trop. Quand on a bu, on ne peut pas retrouver sa maison, vous voulez que je retrouve un billet ; il n'y a pas de raison à cela.

M. GRIFON. — Tu en as beaucoup, toi.

CHAMPAGNE. — Ecoutez, ne nous brouillons point. J'étais de sang-froid quand je l'ai perdu, je le retrouverai quand je serai de sang-froid ; cela est infaillible. Jusqu'au revoir.

M. GRIFON. — Il n'est pas si ivre qu'il paraît.

SCÈNE XXIV

M. GRIFON, seul

Monsieur mon fils choisit mal ses gens. Il est plus malaisé de m'attraper qu'on ne s'imagine. Quelque nuit qu'il fasse, je connais les fourbes d'une lieue.

SCÈNE XXV

SCAPIN, M. GRIFON.

SCAPIN. — Allons, monsieur, de la joie. Vive l'amour et la musique! Je vous amène ici tout un opéra.

M. GRIFON. — Que voulez-vous faire de ces flambeaux?

SCAPIN. — Pour nous éclairer, monsieur : ma musique est une musique de conséquence; il faut voir clair à ce qu'on fait. Allons, messieurs de la symphonie.

M. GRIFON, SCAPIN, PLUSIEURS SYMPHONISTES, DANSEURS et MUSICIÉNS.

UN VÉNITIEN chante.

Or che più belle
Splendon le stelle,
Il sonno sbandite; amanti ;
Con suoni, con canti,
La cruda svegliate :
Fate, fate
Che veda suoi rigori;
E miei dolori.

UNE VÉNITIENNE.

Forse ch'il lungo piangere,
Potrà frangere
Sua crudeltà,
Ed un dì merce
La tua fè ritroverà.

UN VÉNITIEN.

Amanti
Costanti
Soffrite le pene,
Portate catene,
Sperate merce;
Fra dogli e martiri,
Fra pianti e sospiri,
Si prova la fè.
Amanti
Costanti,
Sperate merce.

UNE VÉNITIENNE.

Spero, spero ch'un dì l'amor
Darà pace al dolor :
Il mio fedel ardor.
Può ben far
Trionfar
Questo misero cuor.

SPAPIN. — Peut-être que l'italien ne vous plaît pas? Il faut vous servir à la française.

(Il va chercher six femmes déguisées avec des manteaux rouges qui viennent en dansant et font un spectacle. Léonor et Marine sont du nombre.

SCAPIN.

Amis, tenez-vous tous prêts;
La bête est dans nos filets.
Lorsqu'un vieux fou s'échappe
D'être amoureux sur ses vieux ans,
Il faut qu'il mette la nappe,
Et qu'on boive à ses dépens.

CHŒUR.

Il faut qu'il mette la nappe,
Et qu'on boive à ses dépens.

AIR.

Vive la jeunesse !
Vive le printemps !
C'est le temps

De la tendresse.
Fuyez d'ici, sombre vieillesse,
Car en amour les vieillards ne sont bons
Qu'à payer les violons.

UNE MUSICIENNE.

Un jour un vieux hibou
Se mit dans la cervelle
D'épouser une hirondelle
Jeune et belle
Dont l'amour l'avait rendu fou.
Il pria les oiseaux de chanter à la fête :
Tout s'enfuit en voyant une si laide bête;
Il n'y resta que le coucou.

M. GRIFON. — Monsieur le musicien, voilà de vilaines paroles.

SCAPIN. — Pardonnez-moi, monsieur; ce sont des paroles nouvelles qui furent faites à la noce de Vénus et de Vulcain. Mais allons au fait.

(Les violons jouent un air sur lequel les femmes de la sérénade dansent, et en dansant elles mettent le pistolet sous le nez de M. Grifon et de Scapin.)

M. GRIFON. — Miséricorde ! des pistolets, monsieur le musicien !

SCAPIN. — Paix, paix, ne faisons point de bruit; nous ne sommes pas les plus forts.

M. GRIFON. — Ils prennent mon chapeau, monsieur le musicien.

SCAPIN. — Et paix, paix, ils prennent le mien, et je ne dis mot.

M. GRIFON. — Ils me déshabillent, monsieur le musicien.

SCAPIN. — Hé ! comme vous criez ! faut-il faire tant de bruit pour un méchant justaucorps ?

M. GRIFON. — Ils fouillent dans mes poches, monsieur le musicien, et prennent ma bourse.

SCAPIN. — Ils fouillent aussi dans les miennes, mais il n'y a rien; ils seront bien attrapés.

M. GRIFON. — Ils me prennent un collier de quatre cents pistoles, monsieur le musicien.

(Léonor et Marine se retirent.)

SCAPIN. — Bon, bon, ils ne tueront personne.

M. GRIFON. — Ah! la maudite sérénade!

SCÈNE XXVI

VALÈRE, SCAPIN, M. GRIFON, LÉONOR, MARINE, DANSEURS.

VALÈRE. — Ah! mon père, comme vous voilà! et d'où venez-vous?

SCAPIN. — Nous venons de donner une sérénade.

M. GRIFON. — Ah! Valère, je suis mort : on vient de me voler un collier de quatre cents pistoles.

VALÈRE. — Ne vous alarmez point, mon père; je vous amène vos voleurs.

(Léonor et Marine jettent leurs manteaux.)

M. GRIFON. — Miséricorde! Léonor! Marine!

MARINE. — Oui, monsieur, c'est nous qui avons fait le coup.

SCAPIN. — Ah! coquine, tu iras aux galères.

VALÈRE, à M. Grifon. — Si vous voulez consentir que j'épouse Léonor, je vous montrerai votre collier.

M. GRIFON. — Mon collier? Ah! je te promets que, si je le retrouve, je consens à tout.

VALÈRE, tirant le collier de sa poche. — Je n'irai pas plus loin.

M. GRIFON, voulant prendre le collier. — Ah! mon cher collier.

VALÈRE. — Ah! tout beau, s'il vous plaît, mon père: je vous ai dit que je vous le ferais voir, mais je ne vous ai pas dit que je vous le rendrais. Quand une fille se marie, elle a besoin d'un collier. En voilà un tout trouvé. (A Léonor.) Je vous prie, mademoiselle, de l'accepter pour l'amour de moi.

M. GRIFON. — Comment donc?

SCAPIN. — Vous voulez bien, monsieur, que je vous fasse mes petites excuses, et que je vous dise que le borgne à qui vous avez tantôt donné deux cents louis, c'était moi; que je ne suis qu'une façon de musicien.

M. GRIFON. — Double pendard! Ah! je suis assassiné! Quelle maudite journée! Non, je ne veux jamais entendre parler, ni de fils, ni de maîtresse, ni d'amour, ni de mariage, et je vous donne à tous les diables!

(Il sort.)

MARINE. — Tant mieux : voilà peut-être la première chose qu'il ait donnée de sa vie.

SCAPIN, chante, et le chœur répète.

J'offre ici mon savoir-faire
A tous ceux qui n'ont point d'argent.
Je crois que le nombre en est grand,
Et je n'aurai pas peu d'affaire.
Malgré toute ma ressource,
Gardez-vous d'un sexe enchanteur :
Non content de prendre le cœur,
Il en veut encore à la bourse.

FIN

Religion.

9. FLEURY. *Catéchisme* et *Doctrine chrétienne*.
10. LES BIENFAITS DU CHRISTIANISME. 5e édition.
11. HISTOIRES ÉDIFIANTES (les plus célèbres Missions).

Géographie.

12. GÉOGRAPHIE DU MONDE (Races, Religions, Divisions des Etats, etc.; l'Ancien Monde et le Nouveau).
13. LE MONDE A VOL D'OISEAU (Mœurs, Usages, Coutumes de tous les peuples). 6e édition.
14. LA FRANCE A VOL D'OISEAU. 5e édition.
15. GÉOGRAPHIE DE LA FRANCE (avec carte). 7e édit.

Histoire.

16. HISTOIRE SAINTE jusqu'à l'avénement du Christianisme. 5e édition.
17. HISTOIRE ANCIENNE, avec tableaux chronologiques.
18. — DU MOYEN-AGE. 3e édition.
19. — MODERNE DE L'EUROPE. 3e édition.
20. — DE FRANCE JUSQU'A NOS JOURS. 8e édit.
21. — UNIVERSELLE (Tablettes chronologiques.)

Lectures choisies.

22. LA FONTAINE. *Fables morales*. 5e édition.
23. FÉNELON, avec 365 MAXIMES s'appliquant aux actions de chaque jour de l'année. 3e édition.
24. ART ÉPISTOLAIRE (BONS AUTEURS), suivi d'un traité de PONCTUATION. 3e édition.
25. CENT LECTURES CHOISIES. 7e édition.
26. CINQUANTE LECTURES POUR LE DIMANCHE (Chateaubriand, Buffon, Racine, Lamartine, etc.).
27. BOILEAU. ART POÉTIQUE et *Poésies diverses*.
28. RACINE. ATHALIE et ESTHER (ces 2 chefs-d'œuvre réunis pour 10 centimes).

Commerce.

29. ARITHMÉTIQUE SIMPLIFIÉE : *toutes les Règles*. 10° éd.
30. TENUE DE LIVRES (en partie simple et en partie double). 8ᵉ édition.

Lectures choisies.

31. MYTHOLOGIE (revue avec soin). 3ᵉ édition.
32. CENT RÉCITS. BONS EXEMPLES. *Hommes utiles*. 5ᵉ éd.
33. FLORIAN. FABLES CHOISIES (avec notes). 3ᵉ édit.

Connaissances utiles.

34. TRAVAUX A L'AIGUILLE : Couture, — Tricot, — Crochet, — Broderie, — Tapisserie, — Machine à coudre, avec 50 figures, 3ᵉ édition.
35. LA MUSIQUE A LA PORTÉE DE TOUT LE MONDE. 8ᵉ édit.
36. ELÉMENTS D'ALGÈBRE,
37. EXERCICES D'ALGÈBRE,
38. CHIMIE,
39. PHYSIQUE,
40. AGRICULTURE,
41. JARDINAGE,
42. DESSIN LINÉAIRE,

AVEC 600 FIGURES.

43. DESSIN D'IMITATION,
44. GÉOMÉTRIE,
45. MÉCANIQUE,
46. ARPENTAGE,
47. EXERCICES. ARITHMÉT.
48. EXERCICES GÉOMÉTRIE.

49. DICTIONNAIRE DE LA CONVERSATION. *Pourquoi et Parce que. De tout un peu*. (Faits curieux)
50. LE LIVRE DE LA SANTÉ (*le Médecin de la Famille*.)

Lectures.   Sciences.

51. BUFFON (CHOIX),
52. ETUDES DE LA NATURE,
53. CHATEAUBRIAND,

54. ASTRONOMIE,
55. GÉOLOGIE,
56. MINÉRALOGIE.

Un Livre utile.

57. CONTRE L'IVROGNERIE, L'ABUS DU TABAC ET L'IGNORANCE. 73ᵉ édition ŒUVRE COURONNÉE.

Histoire naturelle.

L'Agréable et l'Utile.

Histoire.

Lectures choisies.

POÉSIE

PROSE

Théâtre Classique.

CORNEILLE

81. Cid. 82, Horace.	84. Nicomède,	86. Polyeucte,
83. Cinna,	85. Rodogune,	87. Le Menteur

RACINE

Athalie,	89. Andromaque,	91. Iphigénie,
88. Britannicus,	90. Mithridate,	92. Plaideurs,

BONS AUTEURS (*Sujets français.*)

93. La Touche. Iphigénie,	97. Raynouard. Templiers,
94. La Fosse. Manlius,	98. Chénier. Charles IX,
95. Ducis. Macbeth,	99. Du Belloy. Siége Calais,
96. — Hamlet,	100. Jeanne d'Arc.

TRÈS-RECOMMANDÉS (Nouvelles éditions)

N° 1. **ALPHABET PROGRESSIF**, ou l'Instruction primaire pour 10 c. : *Six A, B, C, Syllabaires, Types d'Écritures, Religion, Arithmétique, Géographie, Jardinage, Dessin, Musique, Gymnastique.* Avec 80 gravures. (Tout cela pour 10 c.)

N° 64. Nids, Langage, Voyages des Oiseaux (*Instinct des Animaux : les Infiniment petits*), 80 figures.

N° 57. Ivrognerie-Tabac-Ignorance. 73e édition

Œuvre couronnée

PARIS. — IMPRIMERIE Vᵉ P. LAROUSSE ET Cⁱᵉ, RUE NOTRE-DAME-DES-CHAMPS, 49

LE
THÉATRE
à 20 c.
LE VOLUME

CONTENANT

UNE *ou* PLUSIEURS *Pièces*

Les meilleurs Écrivains ;
Les meilleurs Musiciens.

10,000 Pages de Musique :

| Grétry, | Dalayrac, | Gluck, |
| Monsigny, | Mozart, | Piccini, |

etc., etc.,

avec Accompagnement de PIANO

PARIS. — IMP. Vᵉ P. LAROUSSE ET Cⁱᵉ, RUE NOTRE-DAME-DES-CHAMPS, 49.

www.ingramcontent.com/pod-product-compliance
Lightning Source LLC
Chambersburg PA
CBHW060639100426
42744CB00008B/1696